種籽文化

種籽文化

從Zero到Hero的致富筆記

From Zero
Get rich notes to Hero

「人生努力組」到「人生勝利組」的51個Tips

一、本書不是一本理財書，而是一本理財之前必看的致富書，書中51個致富Tips、200多條「從Zero 到Hero的致富Note」，助你從「人生努力組」成功的邁向「人生勝利組」。

二、本書明確指出「過去可以白手起家，但在現在這個時代，根本不可能。」其實，都是不想努力的藉口，書中列舉了一些成功案例告訴讀者只要肯努力，天下沒有做不到的事，只要認為對的事，下定決心馬上去做，就可以讓自己「從Zero 到Hero」。

三、本書的51個「人生努力組到人生勝利組的Tips」濃縮整理了成功致富的Know How，讓每天生活繁忙的讀者，可以在最短時間之內，迅速瞭解成功致富的精髓與要義。

榴槤｜著

暢銷修訂版

這不是一本理財書，而是一本理財之前必看的致富書！

目錄

輯八：「有錢人」與「沒錢人」的距離，有時候只因為「一句話」……225

【作者序】

從「人生努力組」邁向「人生勝利組」

知名國際創投公司顧問麥德維爾曾說：「想創業的人缺的不是本錢，也不是機會，而是相信自己一定會成功的決心！」殊不見，現在很多創業成功的人，一開始都沒有錢，就像阿里巴巴的創辦人馬雲，在過去三次創業都是從沒錢開始，但最後卻都獲得超乎預期的成功。

某位頗有名氣的電台主持人用悅耳的聲音說：「我覺得有品位的生活，才算的上精神生活，而優雅的品位是建立在物質基礎上……」

旁邊的人則嘲笑說：「你的話也許不錯，但這話不該由你來說，而是應該從比爾·蓋茲這樣的富豪嘴裏說出來才有說服力，你沒錢，『精神』就是一塊遮羞布，太老套，也太酸了。同樣穿一雙布鞋，人家在你腳下看到的是窮酸，可在有錢人腳下，卻看到了樸素，甚至是時尚。」

其實，在這個錢不是萬能，但沒錢卻是萬萬不能的現實社會裏，每個人都想賺錢，但賺錢的方式不同。

窮人把工作賺來的錢放在銀行裏，而富人是用窮人放在銀行裏的錢為他們賺錢，窮人不能怪富人，因為窮人自願把錢放在銀行，而銀行需要把錢借給會賺錢的富人去賺錢。

也許把錢存在銀行是讓財富減少損失的最保險方法，但你知道嗎？當你把錢存在銀行，活期利率每年只有千分之幾，而每年的通貨膨脹卻很高，實際回報有時幾乎為負值，所以，聰明人從不在銀行裏放上太多的錢，他們會用錢來投資，然後，再用投資賺來的錢來做自己想做的事，實現自己想實現的夢想。

每個人一生都有許多夢想，夢想去環遊世界、夢想去從事自己喜歡的事……然而，又有多少人能實現自己的夢想呢？是什麼阻礙著我們去實現這些夢想，答案當然也就是「金錢」。

其實，想要擁有足夠的金錢來實現自己的夢想並不困難，只要不要在有穩定的工作、較高的收入時，便理所當然地將賺來的錢，去購買名牌衣服、華麗首飾、名貴家俱，乃至豪華的住宅和進口名車，因為正是這種天經地義的賺錢、花錢的邏輯，讓自己陷入了拚命地賺錢、不斷地花錢、不停地賺錢、再不斷地花錢的惡性循環之中，讓自己不知要到那個時候，才能有足夠的閒錢來實現自己的夢想。

另外，除了當上班族領「死薪水」來賺錢實現夢想之外，自己創業也是一個既能賺錢又能實現自己夢想的選擇，或許你會說，我也很想創業啊！問題是手頭上沒有足夠創業的本錢，然而，「沒有足夠的本錢，所以沒辦法創業」，其實都是自己沒有勇氣創業的藉口，因為，知名國際創投公司顧問麥德維爾曾說：「想創業的人缺的不是本錢，也不是機會，而是相信自己一定會成功的決心！」殊不見，現在很多創業成功的人，一開始都沒有錢，就像阿里巴巴的創辦人馬雲，在過去三次創業都是從沒錢開始，但最後卻都獲得超乎預期的成功。而且，馬雲經常告訴現在有志創業的年輕人：「就是因為沒有錢，才更需要創業！」，就像他在一九九二年第一次創業之前，每個月當老師的薪水還不到一百元人民幣，但他依然在有了創業的想法之後，立刻找了幾個朋友，創辦了海博翻譯社。

有人說：「過去可以白手起家，但在現在這個時代，根本不可能。」其實，這全都是自己不想努力的藉口，如果當年的馬雲也有這種消極的想法，那麼他在一九九二年就不可能創辦海博翻譯社，當然也就不會有二〇一四年九月十九日在美國上市，市值高達一千六百七十六億美元的阿里巴巴集團。

然而，馬雲的「沒有錢，只要努力不放棄，依然可以成功創業」的例子給我們最大的啟示，就是或許我們沒有辦法一生下來就擁有一個「富爸爸」，讓自己成為人人稱羨的「人生勝利組」，但是卻可以秉持著「只要肯努力，天下沒有做不到的事，只要認為對的事，就下定決心馬上去做。」的信念，不要給自己太多藉口和理由，那麼就可以讓自己「從Zero到Hero」，從「人生努力組」成功地邁向「人生勝利組」。

（輯一：）

再壞的時機，
也有人賺錢；
再好的時機，
也有人破產

要永遠記得無論再壞的事業，也有人成功；

無論再好的事業，也有人失敗。

如果能夠用新的理念和新的眼光細心地去觀察，

把視線從市場的表層擴展延伸到市場需求的方面，

就會欣喜地發現，

再壞的市場仍然存在著大量賺錢的商機。

致富Tips 1

「沒有機會」永遠是失敗者最喜歡掛在嘴邊的口頭禪

舉凡在事業上做出一番成就的人，往往不是那些幸運之神的寵兒，也不是一出生就含著金湯匙的「富二代」，反而是那些一開始被人認為「沒有機會」的人，譬如亞洲新首富的阿里巴巴主席馬雲就是最好的例子。

只要讀過馬雲傳記的人，大都知道馬雲一開始只是一個月薪不到一百元人民幣的教師，但是他因為懂得抓住自己看到的機會，並且克服一切困難地去握住自己認為一定會成功的機會，因此，才會成為今日人人稱羨的亞洲首富。

從Zero到Hero的致富Note

◎對於那些不肯工作而只會胡思亂想的人，機會是不可望的，只有那些努力工作，不肯輕易放過機會的人，才能看得見機會。

◎我們往往一心想摘取遠處的玫瑰，反而將近在腳邊的百合踏壞，千里之行，始於足下，不能忘記大事往往都是從小處著手。

大多數失敗的人或許會告訴你，他們之所以失敗，是因為沒有人幫助他們，也沒有人提拔他們，以及無法擁有別人所擁有的成功機會。

這些失敗的人，還會對你說，好的位置已經人滿為患了，較高的職位已被擠爆了，一切好的機會都已被別人捷足先登，所以他們毫無機會了，但是如果我們回頭看看馬雲的奮鬥歷程，就會發現這些失敗的人跟你講的這些「沒有機會」之類的說法，其實，都只是一些牽拖的藉口。

有骨氣的人不會牽拖，他們努力工作，他們不怨天尤人，他們只會邁步向前，他們不等待別人的援助，他們依靠的是自己。

每個人，只要有抓得住當前機會的毅力，擁有為目標努力打拚的精神，才有獲得成功的可能，你的機會就藏在你面對機會的心態之中。

從Zero到Hero的致富Note

◎如果讓「等待機會」成為一種習慣，這是一件危險的事，工作的熱情與精力，往往就在這種「等待」中消失。

如果讓當年生活在邊區叢林中的林肯與現在生活在都市，每天怨天尤人的年輕人相處，那麼這些只會抱怨的年輕人，對於所謂「人生機會」究竟會有什麼新的感想呢？

讓這些只會抱怨的年輕人住在一所曠野中簡陋的木板屋中，遠離學校、教堂、鐵路，沒有電腦、網路、手機、金錢，甚至沒有日常生活上的享受和必需品，他們將會有什麼新的想法呢？

讓這些只會抱怨的年輕人必須走十公里的路，才能進入一個在木棚中的簡陋學校去讀書？以及必須在荒野中跋涉二十公里，才能借到一本書籍，然後在白天辛勤工作後，晚上必須藉著木柴的火光才能夠閱讀，他們將會做何感想？

總之，讓這些只會抱怨的年輕人像當年的林肯一樣生活，讓他們像林肯一樣受學校教育不滿一年，即不得不投身工作，他們還會抱怨現在都會生活種種的不如意嗎？

從Zero到Hero的致富Note

◎你該牢記，你的出路就在你自己身上，在你以為出路是在別的地方或別人身上時，你是註定要失敗的。

然而，林肯就是在這種惡劣環境中，成為美國排名第一位最偉大的總統，林肯就是在這種不順利的環境中，鑄就他一生的偉大人格！

在一個陋巷中出生的孩子可以成為法官和律師，最貧窮的孩子可以變成商界鉅子，變成大銀行家、大企業家，這件事可能嗎？在鐵路局上班的員工可以在日後成為鐵路局長，這件事可能嗎？

在你現在所處的地位中，或許已經是人滿為患了，但在較高的地位上，卻總是有著空位，否則，每家人力銀行或職業介紹所的公布欄上，就不會總掛上「高薪聘任」的廣告，因此，不要以為自己的出身低微，就不可能爬到較高的職務，只要你能具備林肯那種不向「不可能」低頭的精神。

從Zero到Hero的致富Note

◎就像未來的參天大樹的種子，隱伏在野草灌木叢中一樣，你的成功就是自我的演進、展開與實現。

在這個世界上隨時隨地都有公司在尋找受過更好職業訓練的人，隨時隨地都有高額的薪水、優厚的待遇，在等候著有能力並能夠成功的人來獲取。

我們的盲點就在對於機會一事，眼界太高，你總是在想，機會或機遇的到來一定是非同小可之事。實際上，可以讓你往高處爬的機會，就藏在日常生活之中，不管你現在從事的是哪個行業，成功的可能性，其實，就掌握在你自己的手中。

人生努力組到人生勝利組的Tips

一、一個有作為、有志氣的人，一經認定目標向前走去，便沒有任何事情可以阻止他的進步，此類成功範例多得不計其數，「沒有機會」，只是怯弱者和懈怠者的牽拖之詞。

二、歷史已經千萬遍地給我們證明了不可能沒有機會！而且，擁有過多的機會反而是一種害處！因為，他們已經遇上了很好的機會，卻還在夢想著發財和高升的更大更好的渺茫機會。

致富 Tips 2

再壞的時機，也有人賺錢；再好的時機，也有人破產

「送小東西」也能賺大錢！這聽起來簡直是不可思議，但的確是有這樣一家「送小東西」賺到大錢的物流公司，這家物流公司就是「便利帶」。

「便利帶」剛成立的時候，並不怎麼有名，它一開始最主要是在台北市和新北市的雙北地區幫客戶送東西，只要一通電話，隔天就會將客戶委託送的東西，送達雙北地區任何一個地方。

然而，「便利帶」就是看中雙北地區不遠也不近的這一點，要是真的很遠的話，客人就會選擇郵寄，但在兩個城市之間，一般人往往不想為了送一件小東西跑那麼遠的路，所以「便利帶」就打著「比郵局快、比快遞慢」的口號，靠著便宜的運費和迅捷的速度，在物流界慢慢打開知名度。

從Zero到Hero的致富Note

◎一個因為遭遇挫折就失掉勇氣、失去自信，甚至懶得去付出努力的人，註定一生無法踏上成功之路。

◎只有在不斷地追求的成功當中，鍛鍊出大量精神力的人，才能在最後獲得成功。

起初，人們不太信任「便利帶」這家小物流公司，可是實在很方便，而且，只要三十塊錢或是幾十塊錢就有人幫你把東西送到你要送去的地方，何樂而不為呢？

同樣的，在日本有一家公司叫阿托搬家中心公司，該公司僅用了九年時間，就增加了四百倍的年營業額，並從一個地區性公司的小型企業，發展成在全日本近四十個城市擁有分公司或聯營公司的大型企業。

阿托搬家中心的總經理叫奪田千代，由於經營上的成功，被評為日本最活躍的女企業家之一，並且成為日本服務業爭相學習的典範。

從Zero到Hero的致富Note

◎如果我們把握住有利的商機，並將之轉化為致富的行動，就會在市場競爭中，謀得一席之地，賺到源源不絕的財富。

生於一九四七年的奪田千代，學生時代就頗有男孩子的氣概，因此，她就暗下決心，長大之後要與男人一爭高下。

結婚後就跟丈夫一起開運輸公司的奪田千代，在一九七三年發生的石油危機給運輸業帶來的災難之後，雖然極力挽回公司頹勢，還是難逃倒閉破產的厄運。

就在奪田千代為生計發愁時，報紙上一條簡短的新聞引起她的注意。

報紙上寫著，日本關西地區每年搬家開支幾千億日元，其中大阪市就有一百五十億日元。於是，有一個念頭閃過她的腦海，她心想為什麼不在這個不引人注目，卻蘊藏無窮商機的行業上試一試運氣？

她和丈夫商量後，就決定借錢來開一家專業的搬家公司。

從Zero到Hero的致富Note

◎我們經常發現，在那些雖然貧窮、雖然不幸，而仍然努力奮鬥的人，通常求勝的心情非常堅強。

由於，日本的電話簿跟台灣一樣，是按行業分類的，在同一行業內，企業的排列是以日語字母為序，所以，奪田千代就給自己的公司取名叫「阿托搬家中心」，就是為了在電話簿名列首位，讓客戶在電話簿查找時很容易被發現。然後，她又選了一個又醒目又容易記的號碼：〇一二三做為客服電話號碼。

公司開張後，生意果然爆紅，許多顧客都打電話提前預約。而公司經營之初，奪田千代和丈夫就根據顧客的需要，研發了一些新的搬家技術，以及開發出許多附帶的服務專案。

譬如針對日本城市住宅多是高層公寓的實際情況，她設計了搬家專用吊車和雜物收納箱，高層公寓的客戶搬家時，只要把雜物收納箱送至窗前，即可用吊車進行搬家作業。

另外，她抓住顧客怕家財暴露於外的心理，又設計了搬家專用車，把一些比較高級的家電器具或大件收藏品裝在這種車上，既安全可靠，又不會被路人看見。

從Zero到Hero的致富Note

◎要永遠記得無論再壞的事業，也有人成功；無論再好的事業，也有人失敗。

「阿托搬家中心」也就是以上述的優質服務和創新經營，才得以在日本眾多的搬家公司中脫穎而出，並遙遙領先其他搬家業者。

「再壞的時機，也有人賺錢」，從「便利帶」和「阿托搬家中心」的斐然業績證明，善於收集資訊，從中發現商機，即使一些不引人注目的行業，或是許多被人瞧不起的新行業，在大家都不看好的時機，依然能夠創造出令人驚嘆的奇蹟。

人生努力組到人生勝利組的Tips

一、成功者的實踐告訴我們，如果能夠用新的理念和新的眼光細心地去觀察、去尋覓、去琢磨、去挖掘，把視線從市場的表層擴展延伸到市場需求的方面，深入到消費市場，就會欣喜地發現，再壞的市場仍然存在著大量賺錢的商機。

致富Tips 3

就算假裝也要包裝，一個「好包裝」可以給別人一個很不錯的印象

聯想公司在其草創時期，一次到香港與合作客戶開會，與會的代表為了替公司節省經費，下榻在廉價的旅館，每天坐公車到客戶指定的地點開會，但在快接近開會地點時，便下公車，改搭一輛計程車去開會地點。

當合作的客戶要回訪時，他們會馬上從廉價旅館搬到豪華的星級酒店，客戶離去後，又馬上退掉房間，搬回廉價的旅館。

為什麼節儉的「聯想人」，要如此不厭其煩的製作富有的「假象」呢？

從Zero到Hero的致富Note

◎給自己一個好的「包裝」，是展現實力的一個不可忽視的途徑。

如果你認為僅僅透過語言，就可以讓對方完全明白自己的能力，那麼你可能因此犯下了天大的錯誤。

我們可以試著想想看，即使你能把專業術語說的天花亂墜，企劃簡報做的無懈可擊，但如果你滿臉鬍渣、衣冠不整，又有誰會相信，連外表都管理不好的你，是一個極具實力的大公司所派出的談判代表呢？

從Zero到Hero的致富Note

◎一個穿著體面、端正的人，可以給自己的談判對手一個信任的形象。

再想想看，如果對方的談判代表，知道你是每天坐著公車通勤去他們公司，並且住在廉價的簡陋旅館裏，那麼他會認為你所代表的是一家有實力的公司嗎？他的公司還會願意與你合作嗎？

答案是不會，因為他們會認為如果一家公司的談判代表，連計程車都坐不起，那麼應該是一家連資金運作都有問題的小公司。

聯想也是這樣的想的，所以他們在「節約」和「包裝」當中，做出了取捨，如果沒有那次跟香港客戶的合作成功，或許，聯想邁向世界的腳步就會慢一個節拍。

從Zero到Hero的致富Note

◎富有魅力的生活方式，是企業家介紹自我的一張名片，也是企業家自我形象的具體表現。

UNIQLO創辦初期，原本只是一家販售成衣的小商店，由於，出身於服裝世家的創辦人柳井正曾經在國外留學，喜歡美國風倉庫風格的裝潢，因此，就將UNIQLO的門市也融入了美式元素，再加上UNIQLO以中國工廠製作之低單價，但高品質的服裝為特色，逐漸在業界打響名氣。

但是，柳井正在日本成功地打造成衣王國之後，並沒有就此止步，UNIQLO開始積極向海外拓展，而它海外擴店的第一站就是以優雅、品味聞名國際的英國。但就在擴店的同時，UNIQLO受到經濟不景氣的影響，不只在日本當地的業績下滑，就連英國的業績也慘不忍睹。

但UNIQLO在英國的挫敗，卻給了這家強調親民、平價的國民服裝品牌重生的機會。

從Zero到Hero的致富Note

◎UNIQLO的總監勝田幸宏曾說：「以前的UNIQLO品牌的經營宗旨，是以廉價但是高品質、大眾化的成衣為主，但是在那一次從英國挫敗後，UNIQLO才發現，原來現在服裝品牌想要永續經營，還必須添加『創意』這項重要的元素。」

當時不只是英國，就連日本人都認為UNIQLO的衣服缺乏品味，感覺很廉價，也是因為這樣觀念的影響，才會讓業績持續下滑。

於是，UNIQLO從一味追求以價、以質取勝，轉而開始融入流行和時尚的元素，不只砸下重金邀請日本當紅的影視歌星擔任品牌代言人，甚至開始與時尚設計師合作，幫助品牌跟上時下流行的潮流，這一連串的改革讓低迷的業績漸漸好轉，而原本生意慘淡的英國市場也開始獲利。

終於找到正確的營利方向，UNIQLO更加積極的向海外展店，就連台灣也逐年增加新的店，在台灣的平價服裝界颳起了一陣UNIQLO的時尚旋風。

然而，UNIQLO除了結合潮流加強品牌形象的行銷之外，其實並沒有太多的改變，由此可見，「包裝」對形象塑造是多麼的重要。

人生努力組到人生勝利組的Tips

一、以前並未打過交道的談判雙方，往往透過彼此接觸的過程，對彼此的衣著、言語、甚至所搭交通工具傳遞出的相關資訊，來分析和評價對方所代表的公司實力，並做為是否要更密切配合的依據。

致富Tips 4

為什麼企業要砸下重金請「林志玲們」來代言品牌形象？

為什麼一個企業在賺大錢之前，都會先砸下巨額的廣告預算，去包裝行銷自己的企業品牌，甚至會不惜重金請一些知名的影星或名人，譬如華航就連續幾年請名模林志玲拍企業年曆來為他們品牌的形象代言，因為，這些企業認為只要自己的品牌被消費者認可，那麼不論這個「品牌」在之後推出什麼商品，消費者都會掏錢買單。

耐吉這個著名的運動品牌，就是一個最好的例子，因為，它幾乎不設工廠去生產鞋子，而只是把別人生產的鞋子貼上自己的商標——Nike，就可以賺取數倍於生產廠家的錢。

從Zero到Hero的致富Note

◎品牌應該像人一樣具有個性形象，這個個性形象不是單獨由品牌產品的實質性內容來確定的，還應該包括其他一些內容，譬如如何營造品牌形象的附加價值。

◎品牌形象是存在於人們心理關於品牌各要素的圖像及概念的集合體，主要是品牌知識及人們對品牌的主要態度。

為什麼一些企業的大老闆這麼重視品牌形象的魔力？因為，形象在品牌架構中佔有十分重要的地位，甚至國內外有專家評論，所謂「品牌論」就是「形象論」，品牌就是形象。

而這也就是速食業一哥的麥當勞，為什麼可以吸引想投資它的人，來加盟連鎖的主要原因，其靠著就是自己用幾十年的時間，經營出來的品牌形象。

從Zero到Hero的致富Note

◎肯尼士．博爾丁在他的著作：《形象》裏提出，一個象徵性形象，是「各種規則和結構組成的錯綜複雜的粗略概括或標誌。」

品牌形象是一個綜合性的概念，是行銷活動渴望達成的目標，受形象感知主體主觀感受及感知方式、感知前景等影響，而在心理上形成一個聯想性的集合體，品牌形象是一種資產，品牌形象應具有獨特個性。

在百貨公司的超市，一位消費者說：「如果我知道這個企業的名聲不好，譬如賣黑心油的頂新，我就不會再買這個企業旗下的任何產品，可是如果這個企業的形象有口皆碑，我就會很安心購買他們的產品，比方說，今天來買零食餅乾，我別的沒看，只挑義美的，為什麼？因為我從不少管道讀過關於義美的報導和品牌故事，我對這家老牌子的食品很有感情，對他們的產品也很放心，從此就只看他們的商標買東西。」

從Zero到Hero的致富Note

◎從心理學角度講，形象是人們反映客體而產生的一種心理圖式；形象是主體與客體相互作用，主體在一定的知覺情境下，採用一定的知覺方式對客體的感知。

有專家提出：「品牌形象產生於行銷者對品牌管理的理念中，品牌形象是一種品牌管理的方法。」的確，人們對品牌形象的認識，剛開始是著眼於影響品牌形象的各種因素上，如品牌屬性、名稱、包裝、價格、聲譽等，而且，他們認為任何產品或服務在理論上都可以用功能的、符號的，或經驗的要素來表達品牌的形象。

從Zero到Hero的致富Note

◎企業形象塑造的根本目的只有一個，那便是增強影響力與傳播力。

有位歐洲商人在接受國際財經雜誌的記者訪問說道：「在我的印象中，亞洲的產品都是一些廉價、品味不太好的東西，比如襯衫、鞋子……等等。」

但當記者跟他說：「現在亞洲的企業也生產電腦，設計軟體？」他的眼睛睜得非常大，一副不相信的樣子對記者問說：「真的嗎？那裡的企業家也開始懂得用電腦進行管理？這是什麼時候發生的事？」

以上這段歐洲商人和雜誌記者的對話，在某種程度代表了歐美一部分商界人士對亞洲企業家根深蒂固的看法，在他們的印象中，亞洲企業家的形象是：目光短淺，急功近利，沒有魅力，只會生產一些簡單的日用物品。

這雖然是某些歐美人士對東方企業的主觀意識和成見，但主要原因，也跟亞洲企業家在國際上只注重用代工來即時獲利，而不想砸下巨額研發經費來自創品牌有關。

人生努力組到人生勝利組的Tips

一、羅諾茲和剛特曼從品牌策略的角度提出：「品牌形象是在競爭中的一種產品，或服務差異化的含義的聯想集合」。

二、羅諾茲和剛特曼還列舉了品牌形象操作的策略性途徑：產品認知、情感或印象，信任度、態度、形象個性……等等。

致富Tips 5

「第一印象」決定你在別人眼中是比爾·蓋茲，還是在路邊賣柳丁汁

隨著人們品味觀念的改變，特別是興起回歸自然的流行浪潮，便服、休閒服裝越來越受到商界人士的喜愛。

許多企業家在週六或週日到公司、辦公室，常常會穿著POLO衫或是T恤、襯衫，所以這些輕便簡單的休閒服飾，逐漸成為商界人士的休閒正式服裝。

從Zero到Hero的致富Note

◎一個人在選擇服飾時，一定要略微花費一些心思，使服飾的款式、色調與自己的個性、年齡、職業相和諧，與想達成的目的相和諧，與所在的場合相和諧。

如果想跟商界朋友相約打高爾夫球，或者是外出散步運動，不妨穿一件得體的高爾夫球服或是運動服，才會顯得輕鬆隨意，大方得體。

如果是準備在下班後參加酒會，或朋友的聚會，穿西裝打領帶顯得太過正式，穿T恤又太隨意，顯得不夠重視，這時候或許可以穿有領襯衫，外面加穿一件西裝外套。

從Zero到Hero的致富Note

◎穿正式西裝還必須注意領帶與襯衫的選擇與搭配，才能讓別人覺得你有品味，進而相信你是一個值得合作的夥伴。

正式場合就必須打好領帶，領帶的顏色必須隨著出席的場合做適時的變化，在宴會或慶功會等歡樂的場合，領帶的顏色可以選擇鮮豔一點；參加弔唁、告別式……等等類似活動，一般戴上黑色或厚重顏色的領帶。

非正式場合可以不打領帶，但襯衫領要敞開，如果打領帶又穿西裝背心，領帶要放在背心裏面。

正式場合穿著襯衫的顏色與圖案必須力求素淨、文雅，襯衫下擺必須塞在褲子裏，打好領結時，襯衫領扣應該先扣好，襯衫領口大小必須合適，不可以太鬆或太緊，另外，要注意的是穿西裝時，襯衫必須保持整潔、無褶皺。

從Zero到Hero的致富Note

◎服裝是表現一個人形象最重要的外表因素之一，也是別人決定是否跟你合作的重要關鍵。

隨著《個人意見》這個部落格的開啟，「個人意見」這個素人時尚評論家的形象便征服了多數的台灣人，「個人意見」四個字已成為網上的熱門關鍵字，和「品味教學」、「待人處事指南」、「戀愛寶鑑」等等的關鍵字排列在一起，由此可見，「個人意見」在網路媒體和社群網路上的熱度。而「個人意見」的第一本書《個人意見之品味教學》，剛上市就掀起一陣搶購的熱潮。

「個人意見」因為一個部落格，成了公眾人物，他寫出一本書，就將自己的形象推進了時尚界，產生了無與倫比的形象傳播力與影響力。

有人說：「個人意見」現在即使什麼都不用做，憑他的形象影響力也足以成為時尚巨星。

研究企業與經濟的專家學者則一直在反思：「個人意見」現象怎麼解釋？他的形象為什麼能夠產生這樣大的影響力？《個人意見》這個部落格，究竟是如何切合台灣人的心理，而使「個人意見」的形象成功傳播的？

從Zero到Hero的致富Note

◎外在美給人良好的第一印象，而內在美給人吸引力，內在美包括學識、修養、理念、品德、閱歷、業績等等。

「個人意見」僅僅是有著巨大形象影響力的時尚評論家中的一位，和他有著同樣影響，甚至比他影響力還大的時尚專家大有人在，譬如奧黛麗赫本、馬龍白蘭度等明星形象穿越歷史時空，依然被今天的人們所敬仰。

形象為什麼具有這樣大的影響力？究竟形象到底是什麼呢？

像比爾．蓋茲這樣的企業家，形象與外貌似乎並沒有太吸引人、太出眾的地方，因為，他一頭隨意的學生頭，一副大大的眼鏡，嘴角永遠銜著孩子般的微笑，但是瞭解比爾．蓋茲的人卻說：「他為人學識與精神才是構成了他的形象吸引力與支撐。」

由此，我們可以得知，「第一印象」的外在美決定我們在他人眼中的形象，而必須深入瞭解的「內在美」吸引力，則決定了我們在別人心中到底是「比爾．蓋茲」還是在路邊賣柳丁汁？

人生努力組到人生勝利組的Tips

一、企業家形象是企業家由於良好的內在素養與外在表現，透過一定的傳播方式，呈現給人們的一種綜合形象美。

二、這種結合內在素養與外在表現的形象美能夠被人們所認識，所感應，所接受，並對人們產生極大的吸引力。

致富 Tips 6

你搭乘的飛機已經在跑道上，你卻待在登機口眼睜睜看著它飛走

很多勵志書只要談到成功，麥克斯威爾．馬爾茲醫生的成功故事，大都會拿來當成案例，因為他那優雅從容的風格讓人們確信生活最充實的時候是充滿自豪、驕傲和喜悅的時候，讓「自我形象」這個深刻複雜的主題立刻變得生動有趣，另外，他在演講和寫文章的感染力，甚至超過了他在整形外科手術方面的才能。

從Zero到Hero的致富Note

◎你就是機會，是你帶領自己走向命運的大門。

◎是你創造了機遇，是你發展了能力去抓住機遇，是你化危機為機遇，是你把失敗變為成功，是你把焦慮、憂鬱轉化成自我實現。

機遇到底是什麼？它何時會敲響我們的大門？沒有人會知道……

如果你等上一輩子，什麼都不做，機遇永遠不會敲你的門，因為，只有讓自己去認識機會，才能抓住機會，只有讓自己做好準備，激發接受失敗的勇氣，發展自身才華，才能夠隨著充滿活力和不斷增長的知識，握住邁向成功的機遇。

從Zero到Hero的致富Note

◎透過不斷的自我認知，瞭解自己的能力，運用自己的智慧，最終讓我們實現目標。

總有很多人錯過很多機遇，即使能力出眾，頭腦清楚，很有眼光的人也不會例外。你有沒有想過，難道自己錯過機遇，只是因為當時眼光不行，看不清楚嗎？

最有可能的答案是你看到機會雖明明在那裡，但是平時沒有做好準備的自己，卻沒有力量去抓住它？

你可能會在事後認為要是自己更有能力一些，結果應該可以有所不同，但事實是，你搭乘的飛機已經在跑道上起飛，你卻待在登機口眼睜睜的看著它飛走。

從Zero到Hero的致富Note

◎勤於思考，就能不斷精進自己的思想，透過豐富的想像力，就能進入更高的一個境界，帶著內心的激情，就可以邁向幸福的目標。

喬治．艾略特曾經寫道：「生命之河中燦爛輝煌的時刻在身邊匆匆流過，而我們只看到沙礫；天使也曾降臨並探訪過我們，而祂們飛走後我們才恍然大悟。」

而你是否經常這樣抱怨過：「那個傢伙比我早一步得到機會，才不是因為我的能力比他差，而是因為我沒他走運」、「我在這方面就是比不上別人，所以嘛，還沒開始就結束了」、「我沒有能力做什麼大事，我憑什麼啊？我根本什麼都不是」，這都是自我貶低的消極表現，如果我們不懂得戰勝這種消極的想法，這種消極想法，就會像日蝕一樣擋住機會的陽光。

從Zero到Hero的致富Note

◎要是不澆水，不曬太陽，植物也會乾枯而死，更何況是機遇呢！

或許，你可以靜下心來好好思索一下，在你學習的過程中，你不僅是在學習成功，還在學習如何做好準備，以便能從容地抓住下一個出現的機會，或者，如果能憑藉自信、積極的心態，去創造自己的機會，這個創造出來的機會一定會使你獲得成功。

得到機會的同時，總是令人心情鼓舞，它會讓你找到積極的目標，在你建立自尊的同時增強力量和勇氣，進而激勵自己去實踐，去獲得運用機會的方式，然後，用激昂心情的方式，始終把自己放在一個能往前衝刺的位置上，在適當的時候，拿下通往成功大門的入場券。

人生努力組到人生勝利組的Tips

一、機會覆蓋的範圍十分廣泛，有的人可能只把機會的定義限定在財富上，其實，生活中的機會比這個意義要寬廣得多。

二、機會是讓你成為一名「考古學家」，在緊張和矛盾的廢墟下不斷發掘，使自己的「自我形象」重見天日，那麼你終有一天會獲得內心的平靜和安寧，不用擔心這個充滿變數、捉摸不定、麻煩一堆的世界。

致富Tips 7

沒有所謂的景氣或不景氣，無論情況如何，非賺錢不可

在國際頂尖的企業排行榜中，日本的松下和索尼絕對是榜上有名。

然而，松下的創始人松下幸之助和索尼創始人之一的盛田昭夫是日本著名的企業家，兩個人同樣具備巨大的形象魅力，是二十世紀日本貢獻給世界的兩位重量級企業家。

從Zero到Hero的致富Note

◎松下幸之助曾說：「生意是為服務社會大眾而存在的，因此，利潤是它應得的合理報酬，只要服務做的好，必定會產生利潤，如果得不到應有的利潤，就代表自己的服務做的還不夠。」

松下幸之助身材矮小瘦削，但精神抖擻，一雙眼睛不大，但卻炯炯有神，是那種雖然其貌不

揚，但是內涵極深的人。有人說，松下幸之助從你身邊走過，你只會認為是一個老人在散步，當別人告訴你，他就是鼎鼎大名的松下幸之助時，你還會不相信地反問對方：「真的就是他嗎？」

盛田昭夫的身材不高，身體略微偏瘦，但是精神非常好，特別是他的談吐與舉止之中有一種貴族氣息，是那種只要一見面，便給人留下深刻印象的人，他的外在形象的影響力非常強，也許這與他從事推銷工作有關。

從Zero到Hero的致富Note

◎盛田昭夫曾說：「當景氣衰退的時候，我們不應該辭退員工，因為這又不是員工的錯，為什麼要他們來承擔受苦？公司應該自己犧牲一些獲利，這是管理階層應該承擔的風險，也是管理人員的責任。」

松下幸之助和盛田昭夫，兩個人在人生經歷、成就與業績等方面，有很多相似的地方。

兩個人生活的年代相差不多，同樣致力於企業發展，特別是熱衷於電子產品的開發與應用。兩個人同樣在世界上享有很高的聲譽，松下幸之助被稱為「經營之父」、「經營之神」，評價之高，無與倫比。而盛田昭夫被稱為「經營之聖」、「世界上最偉大的推銷員」。美國《時代》雜誌評選出上個世紀世界最有影響的二十名商界人物，盛田昭夫是唯一入榜的亞洲人。

從Zero到Hero的致富Note

◎松下幸之助曾說：「商品賣完缺貨，是一種對顧客怠慢的行為，也是商店最要不得的疏忽，這時應鄭重向顧客道歉，並說：『會用最快速度將商品補寄到府上』，然後，請顧客留下寄貨的地址。」

松下幸之助和盛田昭夫，看起來好像有很多相似的地方，但是，熟悉松下幸之助和盛田昭夫的人卻說：「松下幸之助和盛田昭夫分屬於不同的形象類型。松下幸之助個性沉靜，執著，興趣專一，除經商外，並沒有什麼特別的愛好；盛田昭夫性格則明顯外向，他的愛好非常廣泛，以至於被日本人認為是『全能』……」

從Zero到Hero的致富Note

◎松下幸之助曾說：「沒有所謂的景氣、不景氣。無論情況如何，非賺錢不可。因此，在任何不景氣的狀況，都不能怨天尤人，憑藉自己的力量，用心找出突破之道。」

上述這位熟悉松下幸之助和盛田昭夫的人繼續說道：「他們兩人非常不同，特別是在整體形象方面。我與他們兩人接觸的時候，感覺松下幸之助就像是我的父執輩，是一個非常可敬的長者；而盛田昭夫給我的感覺是一個全能的企業家，是一位精神上的貴族，他還是著名的演說家……」

然而，松下幸之助與盛田昭夫的成功秘訣就是他們開發任何新產品之前，從來不會去考慮經濟景不景氣的問題，他們認為即便景氣好，但是自己的產品不爭氣，還是賺不了錢，但是如果自己的產品爭氣，就算景氣不好，依然可以賺大錢。

人生努力組到人生勝利組的Tips

一、經營之神松下幸之助，曾說：「只花一元的顧客，比花一百元的顧客，對你的生意更有幫助，因為，一般人往往對大客戶殷勤接待，對小顧客則往往不屑一顧。但是，如果能夠誠懇接待一位買乾電池的小顧客，他不僅會成為你忠實的老主顧，而且還會不斷地幫你介紹大大小小的客戶。」

二、盛田昭夫就曾坦率地說：「我說的英語，辭彙恐怕只有中學生的程度，但是我從來不怕別人笑話，任何時候，我都敢用蹩腳的英語慷慨陳詞。」

三、一看到失敗的跡象時，就急於放棄，這是必定會導致失敗的性格特質，遇到問題時，只知道打「太極」，卻不敢勇敢面對的人，是無法成功的。

（輯二：）

堅定的意志力
是每個「有錢人」
都擁有的致富超能力

其實，意志力是一種每個人都擁有的超能力，
如果想擺脫「努力」進入「勝利」，
就應該正視意志的強大力量，
全神貫注在「如何勝利」、「何時勝利」上面，
當起心動念、全力以赴的同時，
意志力就會火速地將「勝利」帶到眼前。

致富Tips 8

有位西方經濟學家說：「要使富人越富，就必須讓窮人越窮。」

在這個努力不一定能夠成功的年代，「人人生而平等」是一句用來自我安慰的謊言；「機會對於每一個人來說是一樣的」，則是閉著眼睛說瞎話。

忘記是那位哲人曾經說過：「知識可以共享時，資訊卻不能對等；資訊可以對等時，財富卻不能共用。」因此，才會造成「富人越來越富，窮人越來越窮。」的貧富巨大差距，也才會導致這個世界八〇%的財富，掌握在二〇%的人手中。

從Zero到Hero的致富Note

◎美國《華爾街日報》上有一篇關於「貧富差距」的專稿，大意是說，要縮小貧富差距，首先要爭取數字公平，但是，數字的公平真的能帶來財富的公平嗎？人們實在不敢相信，不但不相信，甚至會認定由此將加劇貧富懸殊。

有人說：「窮人與富人的差別，就差在起跑點的不同。」的確，窮人與富人，由於擁有不一樣的價值觀，當然也就擁有不一樣的機會。人與人之間，從來就沒有什麼同一起跑點，因此想要富有起來，首先要認清這點，老老實實向有錢人學習。

從Zero到Hero的致富Note

◎無論你是否認同，「富有」是凌駕於「貧窮」之上的一種特權，但很多擁有這種特權的人心裏所想的並不是如何去實現公平，而是千方百計想讓不公平的貧富差距繼續擴大。

但是，我們也不要被懸殊的貧富差距嚇到，我們要很有志氣地告訴自己：「我不窮，只是沒有錢而已。」

一位富翁問一個沒錢的年輕人，你真的很窮嗎？

年輕人點點頭。

於是，富翁說：「我給你五千萬，你可不可以把你的雙臂給我？」

年輕人搖搖頭不同意。

富翁又將籌碼加到一億，同時還要年輕人的雙腿。

年輕人想了想，還是不同意。

富翁於是笑著說：「你現在已經是億萬富翁了，為什麼還說自己窮呢？」

很多時候，我們只會抱怨自己沒有含著金湯匙出生，而忽略了與生俱來的財富，我們卻沒有意識到，自己已經擁有了「自己」這個獲得財富的最佳工具。

要記住舉凡健康、自信、才華、機遇，都是我們最寶貴的財富，而不是父母遺留的財產，而關鍵就在於如何利用這些「自我財富」。

從Zero到Hero的致富Note

◎百萬財產處理不好，有時也會一貧如洗，一文不名的人藉助自己的優勢，有時也會一步登天。

記住一些致富的關鍵：

※夢想是最初的動力，世界上沒有什麼是不可能的，也不存在無法實現的事。

※過去不代表未來，沒有永遠的失敗，只有暫時不能成功。

※我想要的就一定馬上行動，任何事情都是由自己來定義。

※重要的不是發生了，而是如何改變它。

※我們要完全承擔應負責任，凡事有果有因，一定會找到對自己有利的一面。

從Zero到Hero的致富Note

◎貧困的人為了爭取到應有的權利，首先就必須與貧困作戰，然而，脫離貧窮的道路是非常艱難的，就像在股市中，法人大戶可以翻雲覆雨，而散戶們就要認清只能任人宰割的殘酷事實。

「分配不公」這個名詞這幾年很少聽人公開討論了，但沒人討論並不代表問題就不存在了，頂多只是從前嚷嚷分配不公的人，如今已經得到了「公平的待遇」而已。

當你穿著工廠裏的工作服進飯店用餐，恐怕連門都未必讓你進，即使讓你進去了，服務生也不會給你「好臉色」。

成見也罷，勢利也罷，這就是現實，這就是我們必須遵循的生存規則。

當家財萬貫的富豪用大筆美金送自己的子女到海外去當「小留學生」時，他們哪會想到還有不少窮人家的孩子，因為繳不起學費而不得不輟學。

「物競天擇，適者生存。」這個社會的競爭就是「大魚吃小魚」，沒實力的人必定被淘汰，這是最簡單也是最殘酷的真理。

人生努力組到人生勝利組的Tips

一、我想要的，我一定能得到，只要我全力以赴，我一定會成功，只要堅持到底，一定能成功。

二、絕對的事永遠不存在，改變是唯一的真理，記住這些，你就走在成功的路上了。

致富Tips 9

沒有一開始就成功的人，也沒有一開始就失敗的人

「我們通常只看到成功者風光的一面，卻經常忽略他們風光的背後，到底付出多少我們看不見的心力。」很多人只會抱怨自己的失敗，總是會對自己的處境滿腹牢騷，總認為成功人士不僅前途比自己平坦，就連運氣都要比自己好，因此，經常受到老天的眷顧，但卻從來不去探究成功者的背後，到底做了多少不為人知的努力。

從Zero到Hero的致富Note

◎不要埋怨自己的父母沒有留下太多財富，他們已經在你心底埋下無形的心靈財富，只是你還沒有發掘出來而已。

一九六八年，在湖濱中學相遇的艾倫與比爾・蓋茲，兩人一見如故，並且因為都對Basic程

式語言有興趣，因此，決定攜手邁進了電腦王國，一九七四年十二月，艾倫聽說了世界第一台微型電腦，但當時這台微型電腦還沒有好的電腦程式語言，於是，兩人花了八個禮拜的時間，開發出Basic程式語言，推出之後，不僅一炮而紅，更因而奠定了一九七五年，兩人創辦微軟公司的基礎。

微軟公司成立後，第一年收入十萬美元，艾倫和蓋茲看到一場劃世紀的軟體革命即將到來，於是相繼辭職和修學，將所有時間和心力用來經營微軟公司，另外，艾倫認可蓋茲在Basic語言的最初開發貢獻比他多，因此，心甘情願地讓年紀比自己輕的蓋茲，獲得較多的股份。

從Zero到Hero的致富Note

◎回想你曾有過的失敗，無論大小，你是否還記得父母的安慰和鼓勵，你是否還記得父母給了你世上最寶貴的財富—自信，讓自己才能又重新站起來。

一九八二年，艾倫突然病倒，診斷結果，發現疑似罹患癌症，必須立即接受化療和放射性治療，一九八三年，為了治療癌症的他，離開了自己創辦的微軟公司。

一九九八年初，病情受到控制的艾倫賣掉六十萬股微軟股票，獲現金二十四億六千萬美元，基本上艾倫的所有財富，來自日益水漲船高的微軟股票，他離開微軟之後的十多年來，不停地拋售微軟股票，但仍趕不上股票的漲勢。

然而，利用拋售微軟股票所獲得的財富，艾倫開始了他自己的投資生涯，但他的這些投資事業，並沒有當初開創微軟那麼順遂，艾倫離開微軟後，創辦的第一家公司是Asymetrix，但苦幹數年的程式工程師們，卻從未做成一個完整的產品，如果沒有艾倫源源不斷的銀彈支持，早已倒閉關門了。

後來，艾倫又投資Skypix公司，主要開發家庭寬頻服務的相關產品，首次嘗試資訊高速公路，但由於過於超前，導致燒錢的速度比賺錢的速度快，最後因財務周轉不靈而破產倒閉，而且，破產後還欠下大約四億美元的債務。

從Zero到Hero的致富Note

◎毅力與勢力、資本以及朋友的扶持相比，相對重要，它對人的成功，具有不可思議的力量。

投資屢屢失敗的艾倫，生意場上的衰氣，還蔓延到其他的投資領域，譬如旗下的籃球球隊波特蘭拓荒者隊的成員屢屢鬧事，經常被法院召喚，他投資的美式足球西雅圖海鷹隊，也一再的錯失進入決賽的機會。

蘿拉・里奇一針見血地指出：「艾倫不是一個好的管理者，因為他優先考慮的不是業務，而是對技術本身的癡迷。」里奇在《不小心賺下億萬身家》這本以艾倫為主角的傳記中，指責艾倫擔任會長期間，不僅對其所投資的公司疏於管理，且會突然要求公司在規定時間內研發出種種遠景技術，而這也就是艾倫投資其他公司失敗的主因。

從Zero到Hero的致富Note

◎失敗對每個人來說，都是必不可少的，躲不開，逃不掉，不要在失敗面前退縮。

◎只要自信的對自己說：「我可以！」就已經邁出了成功的第一步，無盡的財富，就開始為你的賺取而等待。

或許，有人會說：「沒有艾倫，也許不會出現微軟。」但不容否認的，如果不是蓋茲後來將微軟經營起來，艾倫也許連為自己的「失算」造成虧損的錢都沒有。

艾倫可說是廿世紀以來，不斷失敗的億萬富翁的經典案例，也許你會說這是他有錢，但你也不得不承認，艾倫雖然一直在失敗，卻從來沒有放棄嘗試，而這種不放棄的精神，也是想從Zero到Hero的人，必須學習和效法的。

人生努力組到人生勝利組的Tips

一、毅力能激發人們發揮體內存在的無限潛能，創造令人驚嘆的奇蹟。

二、不論你條件多差，都要堅信失敗不是你的影子，大膽去做自己想做的事，一個人如果不去嘗試，就永遠不會知道自己究竟有多少才能與力量。

致富Tips 10

致富不是因為運氣和能力，而是相信自己一定會致富的意念

有時候，習慣是一種可怕的力量，因為習慣失敗的人在潛意識中，往往會形成不會成功的負面信念，他們在精神上使自己的行動在無意識中遵循著一種不可逆轉的失敗感，相反，成功者卻因為在潛意識裏形成了成功者的正面信念，他們在精神上總有一種相信自己一定會成功的自信感。

從Zero到Hero的致富Note

◎成功不是在戰場上贏得獎章之類的東西，而是你每次摔倒後，可以迅速再站起來的能力。

◎相信你無論摔倒多少次，你都能再一次站立起來，記住：「贏家只不過是爬起來的次數，總比摔倒的次數多一次。」

「我真倒楣、我根本就做不到、我天生就走不了好運……」，這些話是不是非常熟悉，你是否經常說出類似的喪氣話呢？

一個人只要做他經常做的事，那麼，他得到的便是他經常得到的東西，進一步說，你的潛意識不能分清事實與虛擬，只會以鼓勵性或限制性的行動來連續不斷地強化你在潛意識中的自我形象。

有句話說：「心想事成！」意思是說你的潛意識總會傾向心中存在的目標。如果你堅信能實現目標，你便能在潛意識之中創造幫助自己前進的條件；同樣，如果你堅信有什麼不幸要發生，而且也真的不幸地發生，那麼下次當你遇到某種意想不到的挑戰時，你便會喪失鬥志，提前放棄。

你會把這些事件當做是你預料中的失敗，讓自己陷入越是認為會失敗就越會失敗的「莫非定律」漩渦之中。

從Zero到Hero的致富Note

◎穿透意識的束縛，你才能走向成功。因為，只有當你堅定地相信自己總是一個失敗者時，你才總會失敗，如果你決定打破這種觀念，你便能夠打破。

有許多人在面試時感到害怕，總是回想起過去被拒絕的情形，因為在潛意識中，對失敗的回憶造成了緊張的情緒反應，從而導致頭痛、煩躁、焦慮等問題的出現。越是緊張，越無法在面試中表現自己，等到沒有被錄取的壞消息真正到來時，我們便會說：「看吧！果然跟自己預料的一樣，自己根本得不到那份工作！」

但你有沒有想過，並不是你註定得不到那份工作，也不是你註定不能成功，而是你自己不去喚醒自己心中那個沉睡已久的「英雄」。

從Zero到Hero的致富Note

◎每一個人在內心之中都有一個英雄，他絕對相信自己取得成功的能力，只是我們暫時失去了和處於休眠狀態的英雄的聯繫。

什麼是英雄？英雄看上去高不可及，異於常人，英雄做的事情看起來不同尋常，但實際上，他們與我們平常人沒有兩樣，他們只是敢於去做一般人在本性上感到害怕之事的人。

當我們在生活中面對令自己恐懼、退縮的事情時，征服它們的同時，我們就表現出了內在的英雄本色，也就是「相信自己一定可以」的自我信念。

從Zero到Hero的致富Note

◎美國潛能大師安東尼說過：「影響結果最大的是信念，信念不斷地把信號傳給大腦和神經系統，造成期望的結果。」

有人說：「**財富不是因為運氣，也不是因為能力，而是根源於自己一定會擁有財富的『意念』**」。

美國成功學的奠基人拿破崙．希爾對上述這句話的解讀：「真的，念頭就是實物。當你有固定的目標、堅定不移的毅力和熾熱的願望去追求財富，你的念頭是會轉化成物質的。」

簡單說，希爾是在告訴我們，當我們「財富的意識」非常旺盛的時候，我們那「往上爬的念頭」會被無比碩大的意識力量所帶動，由無形的意識領域，轉化而進入有形的物質世界！

「意念」是什麼？它就是「意識裏產生的念頭」。

從這個意義來說，失敗的時候不要畏懼，重新站起來，克服潛意識裏的憂慮，漸漸地，你的潛意識裏就會產生一個成功者渴望成功的念頭，你便會在無形中開始做起一個英雄才會做的事。

人生努力組到人生勝利組的Tips

一、如果你相信會成功，信念就會鼓舞你達成；如果你相信會失敗，信念也會不客氣地引導你經歷失敗。

二、再一次提醒你，不論你是對是錯，你都算對，就如潛意識決定事物的大部分一樣。

致富Tips 11

想要改造命運，自我創富，就不能被「不可能」這三個字擊倒

有人說：「想要培養一個習慣，並不困難，只要連續花二十一天去做同樣一件事。」對一些人來說，某一種行為成為自然而然的習慣，常常是意志力持久發揮的結果；而且意志力還很有可能在引導著這種行為，使其不斷地固化一個人的習慣，儘管人們很多時候，意識不到這一點。

也有的人會告訴你，或者也在告訴自己，將意識轉化成為物質，運用意識的力量去征服物質的世界，實在是一件不太可能的事，但事實證明，在日常生活中，存在著很多運用意識的力量去完成大家眼中認為不可能完成的事情的例子。

從Zero到Hero的致富Note

◎從一定意義上來說，你的「心念」意向與強弱，就是決定你貧與富、成與敗的主因。

有一個媽媽出門到超商買東西，超商就在家的對面，不到幾步路的路程，她認為將三歲的小女兒獨自留在家一下子，應該不會有什麼事，就放心的出了門。

在超商裏，她不經意的透過落地窗，向自家陽台望了一眼，卻赫然的發現小女兒不知什麼時候爬上了陽台，正跨騎在欄杆上，她正想罵退自己的小女兒，但她的小女兒就在那一瞬間掉了下來。

事後，鄰居們接受媒體訪問時，紛紛回憶說，當時只見一個黑影飛過了身旁，只是幾秒鐘的時間，她居然從對面的超商衝回了樓下，接住了她的小女兒。

然而，上述那個媽媽飛奔衝到樓下，把小孩接住的案例，靠著不是自己身體的力量，而是一定要救到自己小孩的一股無法解釋的潛意識力量。

從Zero到Hero的致富Note

◎意志是一種特殊的能力，因此意志與人，以及工作和生活是寸步不離、形影相隨的夥伴。

美國汽車大王福特決心製造他那著名的V8型汽車時，要求他公司的工程師在一個引擎上鑄造八個完整的汽缸。

「什麼？」目瞪口呆的工程師們，異口同聲的說：「老闆，這是不可能的事啊！」

福特命令說：「不管花多少時間，你們都要完成這個任務！」

因為，不願意丟了工作，這些工程師別無選擇，只好照著老闆的命令去做。六個月過去了，計畫沒有絲毫進展，這些心裏同樣想著「這是件不可能任務」的工程師，在福特核查計畫的進展時，老老實實地告訴他：「我們真的無法完成這計畫。」

「不要跟我說做不到。」福特堅定地說：「我就是要這種車子……」

工程師們只好再做更進一步的研究，過了一段時間，他們忽然好像被一股無法解釋的力量「擊中」腦袋，找到了製造這型V８型汽車的關鍵。

這是福特一生許許多多不可能完成的計畫中的一個成功例子。

然而，亨利・福特那股相信沒有做不到事情的意識力量，是讓V８型汽車從無到有，使得這不可能的計畫奇蹟般地獲得成功的重要關鍵！

從Zero到Hero的致富Note

◎「思考致富學」有一個重要註腳：財富是生命之歌中一個極優美的章節，它以思考為動力，帶著生命前行。

有一天，一個不會游泳的士兵掉進湖裏，岸上的人亂成一團。拿破崙看到後，命令士兵自己游回來，士兵掙扎著說不行。「我說你行你就行！」拿破崙隨即從衛兵手裏搶過槍，朝士兵前面的水面開槍，命令士兵趕快游回來，否則，就槍斃他！

士兵見狀嚇得掉過頭來，並奇蹟般的游回岸邊。

然而，這個不會游泳的士兵，最後奇蹟似的游回岸邊，不也是靠著一股求生意志的意識力量。

從Zero到Hero的致富Note

◎大詩人亨雷（Henley）曾經說過：「我是自己命運的主宰，我是自己靈魂的舵手。」

從正常的角度來看，上述故事的那些人壓根就是「不正常」的，但是從宏觀的角度來看，只有這些無視「不可能」，勇於創造奇蹟的人，才有資格成為時代的領航者！

總之，意志力對於身體的支配力量，常常可以在身體的控制行為中發現。在心理學中，意志是指人善於控制自己的行為，動員自身的力量去戰勝客觀的困難。

想要改造命運，自我創富，就不能被「不可能」這三個字難倒，更不該受到群眾意識所牽制，因為極少數人獨特的思想、心理和行為，往往造成整個時代的改變。

人生努力組到人生勝利組的Tips

一、意志力對人體的支配作用是不可估量的，有些人依賴於強大的意志力形成良好的行為習慣，這就是證據。

二、如果你已經擁有強烈的創富意識，但仍然未能成功地享有財富，切勿氣餒，因為想要成功，還要有意志力。

致富Tips 12

想成功致富，就從學習成功人士穿衣服的品味開始

穿衣風格的個性美，並非是跟人比穿戴，爭高低，也不在於如何鶴立雞群，獨壓群雄，而是自我人格風範的展現，因為，一個人的個性美表現在一言一行、一顰一笑之中，也表現在穿衣風格上。換句話說，穿衣風格所散發的個性美是一個人穿著打扮的最高境界，也是一個想要成功的人必修的一門功課。

從Zero到Hero的致富Note

◎一般而言，在正式場合，如宴會、記者招待會、正式會見、婚喪活動、會議和隆重的慶典活動等，一般要求穿套裝，色彩最好深一些，以顯得嚴肅、莊重。

◎非正式場合，如拜訪親友、外出旅遊、上班、去商店購物……等等，可穿上下不配套的西裝，但上下配色力求和諧，以顯示風度。

英國前首相柴契爾夫人曾說：「我的穿著必須表現出領袖的特點與魅力。」因為身為首相，她的穿著絕對不能看起來呆頭呆腦，這會顯得智力遲鈍，但也不能奢華貴氣，看起來像個花瓶。做為一個即將在歷史上留名的人，她必須重視自己的儀俵，穿出自己的個性，讓全世界的人一眼就可以認出她，並對她留下深刻印象。

因此，她把服裝設計的任務交給了英國的阿奎斯卡頓公司，因為她認為阿奎斯卡頓這家已經有一百二十六年歷史的服裝公司，擁有高雅不俗的剪裁、雍容大方的式樣，最接近自己想建立的形象風格。

從Zero到Hero的致富Note

◎服裝的美，是服裝的外在形式與穿衣者的內在精神，和諧統一的結果。

阿奎斯卡頓公司為柴契爾夫人設計的服裝不僅符合她的個性，而且，在「女性氣質」、「勻稱得體」和「嚴肅莊重」三者兼顧並重之下，顯現了女首相獨特的個性與氣派。

在阿奎斯卡頓公司的精心設計之下，柴契爾夫人的衣裝一直保持著柔和的秋色，不太鮮豔的套裝式樣大方而美觀，在珍珠項鏈下常繫著一個鬆軟的蝴蝶結來強調女性的魅力，髮式則是微曲後梳的「達拉斯髮型」，與服裝一起襯托出一種雍容而不過度華貴，莊重而不顯老相的綽約風姿，而上述成功的服裝造型，證明了柴契爾夫人當初選擇阿奎斯卡頓公司的獨到眼光。

從Zero到Hero的致富Note

◎男性企業家穿上一件合適的西裝，會顯得瀟灑、自然、英挺、風度翩翩，但是西裝的顏色必須隨著不同場合變化，才能達到加分的效果。

加州的利克隆伯斯公司曾在美國做過一次調查，目的是研究男性員工的服裝對女性員工會造成什麼影響，大多數女性員工都希望自己的男同事們穿著得體、服裝款式帥氣高雅，這樣在彼此互動的工作中，工作情緒會比較高昂。

同樣，她們也希望自己的男性上司穿著她們所認可的服裝來工作，這樣她們的心情會十分舒暢，每天工作起來也比較輕鬆愉悅。

從Zero到Hero的致富Note

◎美不美的關鍵在於服裝的外在形式與人的內在氣質是不是和諧，比如，一個溫文儒雅的人，穿著一套西裝很合適，但是穿著一身牛仔裝就很不和諧。

馬克．祖克伯一手創立的臉書是社群網站中的霸主。身為一個年輕的企業家，他的服裝常常很隨便，往往是穿著一件襯衫和牛仔褲，或是一身便服就出現在攝影機鏡頭前……他的穿衣風格就像在大學校園中漫步的大學生。

因為，那時馬克的年紀還很輕，他所從事的行業也是一個新興行業，而他的穿衣風格很能代表這一點，也符合他的實際年齡。

如果對自己到底適合什麼樣的穿衣風格還舉棋不定，那麼最好的辦法，就是像柴契爾夫人那樣，將服裝交給有品味的設計師去設計，如果經濟條件沒有這麼充裕，也可以請服飾專櫃小姐幫忙搭配，這都是讓自己不在衣著上出錯的好方法。

人生努力組到人生勝利組的Tips

一、一個人的穿著打扮可以選擇餘地是很大的，但是，無論何種穿著，何種打扮，都必須遵循一個原則，那就是和諧。

二、西裝過去價格昂貴，穿上西裝將被公認為紳士，黑色代表信用，基於心理上的因素，被認為是商人最重要的表徵，因此，黑色西裝對提升形象極有幫助。

致富Tips 13

堅定的意志力是每個「有錢人」都擁有的致富超能力

通常，我們都能清醒的知道自己的精神狀態，但是，有時候我們經常會在某種精神狀態下，做出事後連自己都覺得不可思議的事情，然而，這些精神狀態背後的許多因素，卻往往不為人所意識到，而這些因素卻都蘊涵著巨大的力量。

從Zero到Hero的致富Note

◎儘管人們可能並不會自覺意識到意志力的統領作用，但意志力確實是身體的統帥，並掌握著人生的至高權力。

◎意志力幾乎展現在任何一項技能的展示中，無論這項技能有多麼複雜，其中每一個具體的動作都離不開意志力的參與。

如果將意志的力量集中在凝視上，那麼人的眼睛就會閃爍出神采奕奕的光芒，這就是與擁有堅定意志力的人談話時，總被其眼中的光芒所吸引的原因。

事實上，意志力對每個動作都扮演加分的作用，因此，如果這種潛在的巨大力量不能透過意志力的直接作用而發揮出來，那麼一切意志力訓練都是徒勞的，無論這些訓練看起來是多麼卓有成效，其結果只是削弱原本的力量，而不是增強人的意志力。

然而，這些背後的因素，也就是我們所說的「無意識」或「潛意識」，它們在人的生命中，往往扮演非常重要的角色。

從Zero到Hero的致富Note

◎人的思想，可以喚醒一定程度的意志力，並用巨大的力量將這意志力貫徹到某一具體的行為中。

實際上，在潛意識因為不斷訓練被喚醒的情況下，我們的精神狀態會呈現出更加積極的意志力。比如，演員對自己的面部肌肉能夠控制自如，是他經常訓練的表現；鋼琴家嫻熟的指法，其實也是一種堅持不懈的練習結果；武術高手能在各種條件險惡的情境下，還能有條不紊地控制自己的四肢，是因為他的大腦已經能對各種境況做出快速、恰當的反應；談判高手能讓自己的感受，迅速透過語言表達出來，也是同樣的道理。

另外，運動員在奧運賽事中獲得耀眼的成績，一般人在危難之中的逃生，母親對孩子的奮力保護，政治家身陷政治風暴的危機處理反應，精神病院為治癒瘋狂的病人所取得的來之不易的成就，都是意志力發揮到極致的表現。

在以上這些例子中，皆是某一特定目標的意志力，將具體的行動與意願串聯起來，並且堅定不移地向前進，從而最終實現了這一目標。

從Zero到Hero的致富Note

◎意志是很強悍的，自豪和驕傲可以使人克制住疼痛的呻吟，愛會讓身患絕症的人發揮生命的潛能，創造驚人的奇蹟。

某些對於精神的刺激，如恐懼、愛慕、厭惡、獲得回報的期望、宗教信仰的激勵和音樂的陶冶，以及當一個人決定全心投入到某一種運動，譬如體操選手經過長期訓練，肌肉在伴隨著肢體的行動喚起巨大的意志力，就會將一連串動作完成的極其出色……然而，這些也是意志力極致發揮的例子。

從Zero到Hero的致富Note

◎在一些足以令人發狂的打擊下，受到刺激的神經也可以被意志力牢牢地控制住，因此，我們可以說意志力是一種每個人都擁有的超能力。

我們都知道一般盲人的聽力超乎常人，因為如果人只專注於傾聽，而將其他的感覺都排除在自己的意識之外，那麼人的聽覺就會變得更為敏銳。

為什麼盲人的觸覺的靈敏度特別高？因為如果人將所有的注意力都集中在神經末梢，那麼觸覺的靈敏度就會大大的提高。

如果想擺脫「努力」進入「勝利」，就應該正視意志的強大力量，將精神全神貫注在「如何勝利」、「何時勝利」上面，當起心動念、全力以赴的同時，意志的力量就會火速地將「勝利」帶到眼前。

人生努力組到人生勝利組的Tips

一、強大的意志力可以治癒某些精神上的疾病，意志還可以透過壓抑自我的行為來創造奇蹟。

二、一切的成就，一切的財富，都始於一個你想擁有成就和財富的意志力。

致富Tips 14

只有擺脫依賴的人，才不會成為「媽寶」或「靠爸族」

在無數失敗者的案例中，常見的通病都是如果他在某一方面缺少特殊的才能，他就不再想努力，以為努力也是枉然，以及根本搞不清楚自己的強項在哪裡，因此，經常用自己的弱項，去做自己不擅長做的事，而這種行為就像拿雞蛋去砸石頭一樣。

從Zero到Hero的致富Note

◎供給你金錢的人，其實並不是你最好的朋友，而唯有鼓勵你自立自助的人，才是你真正的好友。

◎外界的扶助，有時也許是一種「幸福」，但更多的時候，情況卻是恰恰相反。

大多數年輕人，都易養成依賴成性的習慣，一旦有了「枴杖」他們就不想自己走路，一旦有了依賴他們就不再想獨立了，根本一點都不想去培養自立自助的能力。

有人說：**「拋棄依賴之日，就是發展自己潛在力量之時。」**世界上只有擺脫了依賴，拋棄了柺杖的人，才能獲得成功，因為唯有「自立自助」才是進入成功之門的那把關鍵鑰匙。

有些父母想要給予他們子女最好的照顧，讓他們在人生過程中，不至於努力的太辛苦，沒想到這種出於關愛的做法，經常在不知不覺中，讓他們的小孩變成「媽寶」或「靠爸族」。

要知道給予孩子適當的挫折，才是給孩子在他們未來的人生開闢出一條康莊大道，真正正確的做法。

從Zero到Hero的致富Note

◎一個人不去面對挫折，就永遠不會知道自身的身體裏究竟有多少才能與力量。

許多人之所以在社會上無所作為，是因為他們貪圖輕鬆，或是缺乏自信，事事要取得他人的同意認可才敢決定，沒有一件事是照著自己的意志去做。

一個身體健全的人，如果缺乏自立自助精神，事事依賴他人，哪能有所作為。

想要每天充滿自信，就需要記住失敗的標籤，不要總是貼在你的腦門上，照著自己的意念，增強自己的信心，努力去做，自然能獲得美滿的結果。

從Zero到Hero的致富Note

◎只有在困境中，一個人才能夠立定意志努力奮鬥，要記住能夠充分發展我們精力與體力的，不是外援，而是自助，不是依賴，乃是自立。

自信之後還要自強，每一個人看上去都很獨立，可是在實際生活中，只有少數人能夠實現真正的自立自助生活，因為人是社會性動物，每天生活在群體中。因此，很容易養成依賴他人，追隨他人的習慣，因為，讓別人去思想、去策劃、去工作，永遠都要比我們自己去思想、去策劃、去工作要容易得多。

所以，一個人一旦有了依賴的觀念，樣樣有人幫助，就會喪失一切靠自己努力的精神。

從Zero到Hero的致富Note

◎成功是產生在那些有成功意識的人身上，失敗根源於那些不自覺地讓自己產生失敗意識的人身上。

一個在納粹集中營生存下來的人說過：「無論在什麼情況下，你還有思考的自由。」的確，想要成功，必須懂得思考，必須強化你的成功信念，如此一來，失敗的字眼才會永遠跟你訣別。

你有什麼樣的生活，不在你擁有多少財富，而在你擁有什麼樣的思想和意念，你有健康的思想和意念，你就會有美好的幸福生活。

如果你擁有萬貫家產，但同時又有一顆永遠不滿足的心，那麼你永遠是個乞丐，如果你身無分文，但擁有一顆感恩之心，那你就會是一個擁有快樂的「心靈富豪」。

人生努力組到人生勝利組的Tips

一、一個人不敢表現自身的強項，不敢表達自己的專業意見，就會永遠做出用「雞蛋砸石頭」的蠢事。

二、一個人只有在擺脫依賴、自立自助的時候，他才會感到自由自在，以及感到人生無比幸福。

（輯三：）

如果想成功，就必須勇敢丟掉一開始養大自己的「奶嘴」

想丟掉那個從小給你養分的「奶嘴」，
雖然沒有想像中的容易，
但是即使再如何困難，你也必須去克服，
因為只有敢跟以前給你「奶嘴」的人唱反調，
才能走出一條真正屬於自己的路，
否則，你永遠都只是一個依賴別人給你的「奶水」，
才能成功的人。

致富Tips 15

遇到挫折時，不要只會浪費時間去算計你遭受多少損失

約翰的香腸非常出名，可是你知道他的背後有一個非常勵志感人的故事嗎？

約翰在中風癱瘓之前，靠著在威斯康辛州經營的一座農場，維持整個家族的生計。

但在他中風之後，他的親戚們都認為他已經沒有希望了，於是，就把他搬到床上，並讓他一直躺在那裡。儘管約翰的身體已經不能動彈，不過不想被命運打敗的他，還是經常的動腦筋，想辦法該如何在他的床上經營他的農場。

忽然間，有一個可以讓農場再生的念頭閃過他的腦海。

於是，他就把所有的親戚全都召集到他的床前，並要求他們開始在農場裏種植穀物。然後，將這些穀物用來做為養豬的飼料，而豬在被養大、屠宰之後，就用來製作香腸。

數年後，約翰的香腸就在美國各大商店暢銷大賣，而這也讓約翰和他的親戚們都成了擁有巨

額財富的富翁。

從Zero到Hero的致富Note

◎思考能擺脫消極的情感，在壓力下正常生活，或者是超越虛榮、自負、狂妄，而一個想要致富的人，首先就必須具備正面的思考。

約翰的香腸出現這樣美好結果，原因就在於約翰的不幸，迫使他運用從來沒有真正運用過的思考力和執行力。

因為，中風躺在床上的約翰，在深思熟慮之後，定下一個明確目標，並且制定了達到這一目標的計畫，他和他的親戚們組成一個執行團隊，並且共同實現這個計畫。

別忘了，這個計畫是因為約翰中風之後才出現的。

所以，當你遇到挫折時，千萬不要只會浪費時間去算計你遭受了多少損失，相反的，你應該算算你從挫折當中，可以得到多少收穫和資產，你將會發現你所得到的，會比你所失去的要多得多。

從Zero到Hero的致富Note

◎發燒、肢體殘障、冷酷無情的失望、失去財富、失去朋友，都像是一種無法彌補的損失，但是正面思考，卻展現出潛藏在所有事實之下的療癒力量。

在城牆崩塌之前，原本應該在陽光下種下花朵，卻種植了一片孟加拉椿樹林，但它的樹蔭和果實，意外地使四周的鄰人們因而受惠。

或許，朋友、配偶、親人的死亡，就像城牆崩塌一樣，所帶來的似乎是痛苦，但這些痛苦將扮演著導引者的角色，因為它會終結幼稚和不成熟，打破一成不變的工作或生活形態，並操縱著你生活方式，以及允許建立對人格成長有所助益的新事物，或是強迫形成新的認識，並接受對未來幾年，非常重要的改變因素。

從Zero到Hero的致富Note

◎讓我們帶著夢想上路，因為有了夢想，我們的步伐才那樣堅強有力，因為有了夢想，前面的道路才格外寬廣。

也許，有人會認為約翰在發現思想力量之前，就必然會被病魔打倒，或許，有人會說他所得到的財富，和他所失去的行動能力並不等值，但不容否認的，約翰從他的思想力量和他親戚的支持力量中，也得到了精神層面的補償。

其實，約翰大可以躺在床上度過餘生，但是他卻沒有這樣做，反而帶給他的親戚們，想都沒有想過的財富。

雖然，他的成功並不能使他恢復對身體的控制能力，但卻能使他可以掌控自己的命運，而這就是個人成就的最高象徵。

從Zero到Hero的致富Note

◎為了夢想的實現，多少勤勞、智慧、熱愛生活的人們在堅持不懈地追求，無論道路多麼崎嶇曲折，不管激流多麼湍急洶湧，都不能擋住人們實現夢想的願望。

「時間」對於保存這顆隱藏在挫折當中的等值利益種子，是非常冷酷無情的，然而，「現在」就是找尋隱藏在新的挫折中那顆種子的最佳時機。

有的時候，我們會因為挫折感太過強烈，而無法馬上著手去找這顆種子，但是，現在你可以輕易地從任何挫折中，學習它能教給你的東西，只要你能擁有更高的智慧和更多的經驗。

人生努力組到人生勝利組的Tips

一、當遭遇挫折時，想著新的一天已經開始了，太陽升起來了，它照亮山巒、河流、森林和那些聳立著鱗次櫛比高樓的城市，也照亮了那些背著行囊，帶著夢想要出發的人。

二、你可以再檢查一下過去的挫折，並找尋其中的課題，去找尋那些原本該意識到，卻經常忽略的答案。

致富Tips 16

一個人可以失敗，可以遭受挫折，但一個人不可以失去夢想

小時候，就擁有偉大夢想的本田機車公司的創始人本田宗一郎，其實是出生在一個非常貧困的家庭。

本田宗一郎在他的傳記裏記載了小時候，當他第一次看到機車時，簡直著了迷，由於他的父親是鐵匠並兼修自行車，在耳濡目染中，他對機車事業產生了興趣，他在傳記裏這樣寫道：「我忘了一切的追著那台機車，我深深受到感動，雖然我只是個孩子，但就在那個時候，想要自己製造一台機車的念頭，已經在幼小的心靈開始萌芽……」

從Zero到Hero的致富Note

◎夢想永遠存在於偉大的人心中，驅動著他前進，讓他不畏艱難，讓他敢於挑戰權威，讓他孤注一擲的挑起重任。

本田宗一郎讓自己的公司，在廿世紀五〇年代初期，進入已經很擁擠的機車工業。令人跌破眼鏡的是他在五年內，成功地擊敗了包括五十家日本公司在內的二百五十個機車工業對手，一九五〇年，他推出自己夢想中的機器，實現了他兒時製造更好機器的夢想。

隨後他在一九五五年，他在日本推出超級綿羊系列產品，並於一九五七年，進軍美國市場，同時加上創意新穎的廣告行銷，推出已經極為著名的廣告口號：「好人騎本田」這種引領潮流的產品，使本田機車在美國成為暢銷的熱門產品，也讓當時已經奄奄一息的機車工業有了一線生機。

從Zero到Hero的致富Note

◎夢想是進取的目標，是對生活的一種積極進取態度和一種深深的期盼。

到了一九六三年，本田機車幾乎成了世界各國機車工業裏最主要的力量，讓美國的哈雷機車和義大利的機車公司雙雙成為他的手下敗將。

萊特兄弟發明了飛機，讓夢想飛翔；愛迪生發明了電燈，讓夢想看見光明；尤里·加加林成為第一位從太空看到地球的人，讓探索宇宙的夢想成真；而一九六九年七月二十一日兩點五十六分美國太空人阿姆斯壯乘登月艙在月球靜海西南角登陸，成為第一位登上月球的人，讓人類窺探月球的夢想，不再只是空想。

從Zero到Hero的致富Note

◎夢想使人坦坦蕩蕩的從深不見底的地底，一步一步走向成功的高原。

彩虹因為有了赤、橙、黃、綠、青、藍、紫七種顏色做為豐富內容，還有燦爛陽光與細小水珠激情融合的藝術形式，才更加璀璨美麗。

斑斕多彩的七彩虹橋儘管不可以度人，但卻讓人讚歎，而飛瀑因為激流途經坎坷曲折後，以那震撼人心的縱情一躍，既完成了飛流直下傾瀉銀河的壯舉，又實現了浪擊峭壁潭隱蛟龍的夙願，因此，才更加壯觀、更加讓人歎為觀止。

從Zero到Hero的致富Note

◎有了夢想，森林才那麼青翠，山峰才那麼俊秀，河流才那麼清澈，藍天才那麼蔚藍，沒有夢想的人生就像鳥失去了雙翼，船失去了雙槳一樣。

《一生的志願》中寫了一位叫約翰．戈達德的美國老人，在十五歲那年，他列出一生想完成的目標，這些目標總共有一百二十七個，包括到尼羅河、亞馬遜河和剛果河探險；登上珠峰、乞力馬札羅山和麥特荷思山；駕馭大象、駱駝、駝鳥；探訪馬可．波羅和亞歷山大一生走過的路；主演一部《人猿泰山》那樣的電影；駕駛飛行器起飛降落；讀完莎士比亞、柏拉圖和亞里斯多德的著作；譜一首樂曲；參觀全球七大奇景……等等。

生長在洛杉磯，從小就充滿了夢想的約翰．戈達德，在經歷了十八次死裏逃生和難以想像的艱苦後，已經完成了其中的一百零六個目標。

夢想是一股讓平凡生活充滿神奇的動力，看著約翰．戈達德這位美國老人讓人動容的故事，除了讓人感到由衷的敬佩，更證明了有夢的人是幸福的這件事，絕對不是幻想。

人生努力組到人生勝利組的Tips

一、人類需要夢想，夢想是做事的原動力，夢想讓這個世界變得豐富多彩，色彩斑斕。

二、偉大的夢想造就了天才，並促使這些天才們經常追逐自己的幻想和夢想，最終走向成功。

致富Tips 17

如果想成功，就必須勇敢丟掉一開始養大自己的「奶嘴」

一個人不敢表達自己的意見，任何事都只敢以別人的意見為意見，就像個沒有生命的玩偶；更可悲的是，是一個自願讓人操控的傀儡玩偶，然而，這樣任憑別人用幾條無形的線操控自己的一舉一動，別人說東就是東，說西就是西，哪能有什麼作為呢？

從Zero到Hero的致富Note

◎只有毅然決然地拋棄了別人送給自己的「枴杖」，才能夠做一個完全自主的人，也才能獲得最後的成功。

一個人如果想成功，就必須敢於丟掉一開始養大自己的「奶嘴」，敢跟以前給你「奶嘴」的人唱反調，如此一來，才能走出一條真正屬於自己的路。

然而，想丟掉那個從小給你養分的「奶嘴」，雖然沒有想像中的容易，但是即使再如何困難，你也必須去克服，否則，你永遠都只是一個依賴別人給你的「奶嘴」，才能成功的人。

從Zero到Hero的致富Note

◎「相信自己做的到，就一定做的到。」並不是一句口號，而是一個喚醒潛意識力量的關鍵密碼。

很多遭受失敗打擊的人，常見的通病都是只要一開始遭受到一點點的挫折，就不想再努力，覺得失敗已經成了他的影子，擺脫不了，也甩不掉，以為不論自己再怎麼努力，結果也是一樣。

可是有許多人，在最初的時候，其實與常人無異，也沒有什麼特殊的才能，但這些人最後卻成功了，這是為什麼呢？

這是因為他們的自信力要高過一般人，以及有一股不論如何，都相信自己一定可以做到的傻勁，並能以自信力和這股傻勁做為後盾去努力打拚，終獲成功。

從Zero到Hero的致富Note

◎不論你的條件多差，都要堅信失敗不是你的影子，大膽去做自己認為對的，以及自己想做的事。

有人說：「自信力遠比其他人的任何幫忙更為重要，它對人的成功，具有不可思議的神奇力量。」自信力能使人們克服困難和挫折，成就一番事業，甚至能激發人們內在的無限潛能，創造令人驚歎的奇蹟。

有些人會認為「只要相信，就可以做到」的這套理論太玄妙，太理想化，太不可能。正因如此，大部分的人，才會每天過的「得過且過」的生活，才會讓自己「不上不下」，既餓不死，但也無法變成有錢人。

從Zero到Hero的致富Note

◎我們每天不斷地「催眠」自己一定做的到，就會在無形中做到自己一開始認為做不到的事。

大部分人的思想，從社會學、統計學的角度來看，是「平凡」的。不窮不富，一日三餐，稍有存款，時有欠債，的確是大部分人的「平凡」生活。

但如果你想要成功，這種一般人每天都在過的「平凡」生活，就不應該是你要過的生活，也就是你必須開始去面對以前不想面對的問題，你必須每天告訴自己：「**沒有不可能的事，只有自己不想做的事！**」

上述這些話語，或許你在一開始很難說服自己去相信，但是只要你每天不斷地對自己講，不停地對自己洗腦，然後，往這個方向去修正自己的想法和做法，總有一天，你會百分之百地相信自己真的可以做到以前根本做不到的事。

人生努力組到人生勝利組的Tips

一、失敗對每個人來說，都是必不可少的，躲不開，逃不掉，不要在失敗面前退縮。

二、自信的對自己大聲說：「我可以！」你就已經邁出了走向成功的第一步，因為，所有的困境和挫折都會在「我可以」這三個字之後，迎刃而解。

致富Tips 18

相信自己無法控制一些奇異力量的人，註定要貧窮和失敗

我們要以任何正常人都能瞭解的文字，來描述自己所知道的自我暗示原則，透過這種暗示，可以發展出前所未有的信心。

因為，在每個時代裏，宗教家只是一個勁地勸告人們要對這個、那個以及其他的教條或教義有信心，但卻從未指出，信心是一種可以經由自我暗示原則獲得的意識狀態，甚至從來就沒有告訴人們如何擁有信心。

從Zero到Hero的致富Note

◎你必須使積極的情感，成為你意識中的主宰力量，並鼓舞著它們，同時更要打擊甚至消滅消極的負面情感。

無數人相信有一些奇異的力量是無法控制的，因此，他們相信自己註定要貧窮和失敗。其實，他們心中存在著這種消極的信仰，讓他們成為自己「不幸」的創造者，因為，這種消極的信仰被潛意識所接受，然後成為讓自己失敗的負能量。

為了使自己獲得好處，你可以把希望轉變成為事實或金錢價值的任何慾望，再將它轉入你的潛意識，而且，可以再度向自己暗示，只要你使自己處於盼望和信心的狀態中，這種轉變的過程就會自動發生。

從Zero到Hero的致富Note

◎當你的左手握住你的右手，就會有巨大的力量在你心中升騰，相信自己，超越自己，永不放棄，一次又一次的崛起，你就會接近成功。

為了使這種欺騙更為實際，你要把自己當做彷彿已經擁有了所渴望獲得的事物，然後再向你的潛意識下達指示。要知道只要你是由自我暗示的過程向潛意識下達命令，那麼，沒有任何事情能夠阻止你欺騙你的潛意識，就像我們欺騙自己的潛意識一樣。

因為，你的潛意識將以它所能得到的最直接和最實際的方法，實施並實現信心或信仰狀態下達的任何命令，不論這個命令是正確還是錯誤。

從Zero到Hero的致富Note

◎釋放你的信心，燃燒全部激情，勇往直前，你一定可以戰勝困境，挑戰極限，創造奇蹟。

當然，我們以上討論的那些論述，應該足以使人有個起點，然後，由這個起點開始，經過實驗與練習，獲得把下達給潛意識的任何命令和信心混和在一起的能力。

只有經過練習之後，這些努力才會逐漸完美，光是閱讀指示，而絲毫不去做任何行動，是無法達到向潛意識下達指示所獲得的成果。

因為，只有用思考和行動控制的意識，才可隨心所欲地向潛意識下達指示，而潛意識也將立即加以接受，並採取實際行動。

從Zero到Hero的致富Note

◎由積極情感控制的意識，將成為信心這種意識的最佳途徑。

信心是讓所有不可能奇蹟變成可能的關鍵，也是所有無法以科學法則加以分析的神秘事物的基礎，它賦予思想生命、力量以及行動。

透過自己的信心激發積極情感，使積極情感成為潛意識中的主導力量，從而使自己心中矗立起一個成功者的形象，不再介意曾有過的失敗，放下心中所有鬱悶，因為在你心中，已經樹立一個信念：「我是最強的，我是無敵的。」

因此，即使面對強大的對手也不氣餒，然後，向自己的目標全力以赴，堅強地越過所有阻擋成功的障礙。

人生努力組到人生勝利組的Tips

一、信心是我們獲得財富的起點，信心是目前唯一解決失敗的良藥。

二、信心能把人類有限意識所創造出來的普通思想，轉變成為精神力量，所以，任何時候任何地點，對你自己要有信心。

致富Tips 19

貧窮本身並不可怕，可怕的是認為自己註定貧窮的負面思想

這個世上大部分貧窮的人，都是輕易就向命運低頭的人，他們都以為貧窮是一種無法改變的宿命，所以老早就放下武器、豎起白旗跟貧窮妥協。

其實，大部分貧窮者的毛病，往往是他們沒有建立起可以脫離貧窮的自信，是一種不良生活、不良環境、不良思想的結果。

從Zero到Hero的致富Note

◎一位著名的物理學家曾經說過：「人的體內可以產生足夠摧毀整個紐約的原子能量。」

◎既然我們身上擁有如此巨大的能量，可以摧毀一座城市，那麼同樣地，生命中又有什麼障礙，是我們無法克服的呢？

我們都知道，貧窮與人類追求最高幸福的願望相背離，並不適宜於人類的生活，是一種違反

人性追求的狀態。

如果，所有的貧窮者，能夠從他們頹喪的思想、不良的環境中轉身過來，朝著光明富裕的方向，並且能立志脫離貧困的生活形態，讓自己認識到「富裕」與「充足」原本就是我們都應該享有的基本權利，並不斷地努力去爭取這富裕和充足，那麼總有一天我們終會認識這條簡單的道理——人人都能成功地脫離貧窮！

從Zero到Hero的致富Note

◎許多人總以為自己已經盡了最大的努力去和貧窮拚鬥，但實際上他們還沒有盡到自己一半的努力。

有兩隻青蛙掉在了乳酪罐頭裏，牠們焦急的掙扎著，可是因為罐頭口太高，無論怎麼跳躍，還是無法跳出罐子外頭。

其中一隻青蛙灰心沮喪地對另一隻青蛙說：「反正再努力也不可能逃脫這裡，又何必浪費力氣，做無畏的掙扎呢？」

但是另外一隻青蛙卻有著不同的想法，牠想：「即使真的會死，也要拚盡所有的力量放手一搏，就算沒辦法成功，我也要驕傲地結束生命。」

這隻青蛙竭盡全力，努力地在乳酪上面上下跳動，藉著跳動來攪動乳酪。

此刻，奇妙的事情發生了！乳酪被青蛙不停地攪動後，漸漸地凝成了奶油塊，這隻青蛙站在堅硬的奶油塊上，輕而易舉的跳出了罐頭。

從Zero到Hero的致富Note

◎只要勇往直前朝著「成功」、「富裕」的目標前進，世界上沒有一件東西可以推翻你的這種決心。

當你覺得自己身陷「貧窮圈」，就必須用堅毅的決心和意志去跟貧窮鬥爭，如此一來，才能顯出你的真正力量。

當你覺得周遭的一切都很黑暗慘澹的時候，可以立刻轉過身來，朝向希望與期待陽光的另一面，這樣黑暗的陰影，就會被你遺棄在背後。

而且，在這時你會發現，只要用充滿自信的心理去和貧窮拚搏，就可以在無形中擁有無窮的力量，讓你堅強向前，不畏險阻。

從Zero到Hero的致富Note

◎只要我們自信自強，永遠不輕言放棄，雖然暫時沒有錢，最終還是會走向成功。

其實，最足以損害我們的能力，破壞我們前途的，莫過於太輕易的與目前不幸環境妥協，以及認為不幸環境是理所當然，而不想去掙脫它。因為，貧窮的人往往會垂頭喪氣地認為自己不能像富裕的人一樣的生活，不能享受富裕的人的特權，然而，也就是這種消極思想，促使他們不懂得只要透過努力就可能走出困境，擺脫貧窮的道理。因此，如果你也跟上述貧窮者想的一樣，除了恢復自信心和刪除腦海中宿命論的觀念以外，真的別無選擇！換言之，只有心中不斷地想要得到某一東西，同時孜孜不倦的努力地去追求，並相信自己可以獲得，最終我們才能如願以償，因為，在我們周遭有很多人，都是明白這層道理後，才終於擺脫了貧窮的生活。

人生努力組到人生勝利組的Tips

一、貧窮本身並不可怕，可怕的是貧窮的思想，也就是認為自己註定貧窮、必須老死於貧窮的這種負面觀念。

二、世間的種種幸福，是應該大家有份，就算不妨礙、不剝奪別人的那一份，你也能取得你的那一份，每個人都應該得到「富裕」的，這是生下來就擁有的特權！

致富Tips 20

如果哥倫布充滿逃避、消極、軟弱的想法，還會發現新大陸嗎？

有一項研究調查報告，對上世紀四百位成就卓越的人士進行分析，得出「在這些名人當中，有四分之三的人，早年遭遇挫折和打擊，在竭盡全力與厄運做頑強鬥爭後，都能從困難中奮發向上，對人類做出貢獻」的結論。

這個調查結果對於在困境中尋找機會的人來說，是多麼振奮人心啊！因為，在這些人當中，有包括失聰的愛迪生和罹患小兒麻痺的伊蓮娜．羅斯福……他們儘管殘疾，卻都能從中奮起，抓住了機會，攀上成功的高峰。

從Zero到Hero的致富Note

◎「冒險」，是一種有利於企業發展的機會或偶然事件，是有利於企業發展的大好時機和有利條件。

◎在數不清的無數機會中，其實蘊藏著眾多可以獲得成功的冒險機會。

現今世界各國教育界關注的重心，逐漸擺在特殊教育兒童身上，社會上許多團體都在幫助教師們改善與學校、學生、家長之間的溝通，期望能給特教兒童更多機會，使他們獲得更好的教育和更多的技能。

然而，身為正常人的我們也有自己的弱點，我們經常會這樣想，如果自己也能像那些需要幫助的孩子一樣，得到外界的幫助，那該有多好啊。但如果沒有這樣的幫助，我們也應面對現實，不管有什麼樣的機會，都要及時抓住。

從Zero到Hero的致富Note

◎機會不光是靠別人給予的，你必須給自己創造可以成功致富的機會。

很多人只會坐在原地怨天尤人，憎恨一切，他們在聽說了海倫．凱勒的故事，也許會說海倫．凱勒克服了身體殘疾，抓住了機會，成就了自己的榮耀，只是一個特例而已。

假如一四九二年，哥倫布也跟我們有同樣的消極想法，一味的對自己說：「海上的氣象，捉摸不定，出海航行可能會突然遭遇暴風雨……最好還是別去了，萬一在航行當中得了敗血病，不就白白送了性命……」

如果哥倫布充滿上述這樣逃避、軟弱的想法，還會有新大陸的發現嗎？什麼是發明家？發明家是在別人看不到機會的地方看到了機會的人，假如湯瑪斯・愛迪生從別人看不到機會的地方也沒看到機會，更不用說抓住機會，那麼我們今天的世界會變成什麼模樣呢？

從Zero到Hero的致富Note

◎別讓機會為你「等得人憔悴」，更不要用消極的態度去扼殺它們。

雖然，很多人抓住了機會，獲得前所未有的成功，成為人們仰慕的對象，但他們的成功之路，絕非一帆風順。

你或許覺得自己有所不足，這是很平常的事情，不管你是誰，肯定會在還沒遇到機會之前，不時碰到挫折。

只要挖掘出自己無限的創造力，不斷前進，你就可能成為冒險犯難的「哥倫布」，你就可能成為想出別人所想不到的「愛迪生」……

永遠不要期望別人給你機會，可以給你那些成功機會的人，永遠是你自己，只要你能堅持自己的初衷，勇於去追求自己的夢想。

從Zero到Hero的致富Note

◎冒險，是為了發現自己以前沒有發現的創造力和想像力。

或許，你會覺得自己是一個有價值的人，有能力的人，但是光有這樣的感覺是不夠的，你必須去努力，去打拚，才能爭取到自己的權利，實現老天給你的機會，進而讓自己獲得更好的生活。

當你確實去實踐老天給你機會的時候，更要經常鼓舞和激勵自己，而且絕不要貶低自己。

你不必顧慮別人會怎麼看你，也不必恐懼意料之外的災難會在哪天降臨，因為你是天生的「冒險家」，是一個掌握機會、樂於冒險、不懼怕任何挑戰、敢於創新的人。

人生努力組到人生勝利組的Tips

一、憑藉著你對自己的良好感覺以及實現幸福生活的決心，成功必定手到擒來。

二、機會只青睞有準備的人，成功則更多賜予那些具有冒險頭腦和膽識的人。

致富Tips 21

在商場中，缺少的不是商機，而是一種捕捉商機的智慧和眼光

如果從字面上來解釋「商機」這兩個字，就是一種可以賺到錢的商業機會。如果將「商機」引用到商場上，特別是市場爭奪中，則是競爭對手出現的讓你有機可趁的「時間差」或「空間差」，可供你利用或競爭對手與你都可以利用的偶然出現的有利因素。

從Zero到Hero的致富Note

◎市場商機在表現形式上的鮮明變化，使企業面臨著嚴峻的挑戰，勢必要求企業經營者換一種全新的眼光去發現和捕捉商機。

◎大多數的商業案例表明，成功的經營者總能發現商機，捕捉商機，搶得商機，勇於做先驅者，這樣才會脫穎而出。

商機存在於市場之中，但它不會主動地告訴你，它在哪裡，也不會主動變為財富，而是需要我們自己用慧眼去發現和捕捉。

因此，有些經濟專家才會說：**「在市場中，缺少的不是商機，而是缺少一種捕捉商機的智慧和眼光，以及對商機的正確認識和把握。」**

俗話說：「世上無難事，只怕有心人。」凡是有人的地方就有市場，對於企業來說不是缺少市場，而是缺少肯用心發現市場商機的積極員工。

從Zero到Hero的致富Note

◎商機，從範圍上講，不僅是指一個商人、一個企業在市場潮流中對於商業機會的把握，也指一個縣市、一個鄉鎮在發展商品經濟中的市場機會。

許多諺語和成語都與機會有關，最常見的比如：「機不可失，時不再來」、「識時務者為俊傑」、「失之東隅，收之桑榆」、「過了這個村，就沒有那個店」、「時來運轉，鐵樹開花」、「此一時，彼一時」……等等。

從而又衍生出商戰中常用的「時機」、「人機」、「地機」、「事機」、「力機」以及由各種有利因素綜合而成的機會。

透過對現實生活中大量商機案例的考察和理論分析，我們發現商機的特徵主要表現在以下五個方面：

一、所有的商機都有時效性，俗話說：「機不可失，時不再來。」抓住了也就抓住了，錯過了就回不來，說明機會與時間是緊密相連的，要是錯過了，只能後悔莫及。

二、任何商機由於是客觀存在，所以它是公開的，即每個企業、每個人都有可能發現它，相對的也就使自己的競爭對手變多。

三、商機具有一定的偶然性，它是一種偶然的機會，經常突然發生，讓人來不及做準備。當然，這種偶然性是必然性的表現，專家認為這些突發性的機會，通常都有規律可循，只不過是一般人沒有用心去預測和把握罷了。

從Zero到Hero的致富Note

◎主動去掌握和觀察市場的變化，才能在突發性的商機中發掘無限的財富。

四、商機是一條通向成功的捷徑，抓住了它，就有可能瞬間成功，但只要稍微忽略，卻會立刻失去它原本可以為你帶來的利益。

五、商機不是人的主觀臆想，而是客觀現實的存在。

從Zero到Hero的致富Note

◎《辭海》對「機會」的注釋：「所用行事的際遇機會」即機遇。換言之，抓住機遇，就是抓住遇到的機會。

另外，商機的結果在一定程度上具有不可知性和不確定性，受事物發展的影響，這種影響來自兩個方面，一是形成商機的條件變化，二是利用商機的努力程度。

而且，越是難得的商機，越是難碰到，特別是一些巨大商機，更是難以把握，必須盡力分析商機的內在特徵與實際經營結合起來，做到「運用之妙，存乎一心」，發現並且果斷地抓住商機，創造財富。

人生努力組到人生勝利組的Tips

一、企業經營者有一個共同的感受：「市場越來越難把握。」有的即便使出渾身解數，殫精竭慮，鞠躬盡瘁，還是收效甚微。

二、商機就是市場機遇，但它又是一種特殊的機遇，很難把握。所以，要想識別和把握商機，首先必須瞭解其特殊性，瞭解商機的特徵！

（輯四：）

「花明天的錢，圓今天的夢」是所有「沒錢人」的生活方式

由於，上班族每個月拿的是「死薪水」，收入都是固定的，
因此，正確使用有限的資金，就顯得更加重要。
如果沒有一個合理有效的管理財產計畫，
便常常會有捉襟見肘、入不敷出的情況，
弄得不好，
甚至會出現「花明天的錢，圓今天的夢」的「寅吃卯糧」窘況。

致富Tips 22

換一顆「有錢人」的腦袋，是脫離貧窮圈的關鍵因素

「有錢捨不得花，賺了錢卻無法跟別人分享。」這是大部分窮人的心裏想法，而這也是大部分窮人為什麼會貧窮的原因。

看看那些真正的「有錢人」，那一個不是樂於幫助比自己更困難的人，他們的心胸比任何人都更開闊，只有心胸開闊的人，大家才會喜歡他，願意接近他，他也就擁有別人沒有的「好人緣」，自然就會贏得許多別人無法擁有的商機。

從Zero到Hero的致富Note

◎讓投資成為自己的習慣，不論投資金額多少，只要做到每月固定投資，就足以讓你超越其他原本和你差不多的人。

◎調查顯示，四分之三的百萬富翁買一種股票至少持有五年以上，將近四成的百萬富翁買

一種股票至少持有八年以上。要知道，「交易次數多，不會使你致富，只會使代理商致富。」

「窮，也要站在富人堆裏。」這句話是很多理財致富的書上，都會提到的一句話，而這句話告訴我們，不論再如何貧窮，抱著一顆富人的心，將是讓你脫離貧窮圈的關鍵因素。

因為，有些人能越過窮人和富人之間的巨大障礙，是因為他們具有富人的思維，他們即便在困難的時候，也會擺出一副富人的派頭，最終實現做富人的夢。

一些先進的國家，為什麼越來越富有？靠的就是這種富人的心。殊不見，這些國家經常會大方地去金援經濟落後的貧窮國家，然而，這些落後國家，卻也像窮人一樣，因為，捨不得將自己僅有的分享出去，因此，即使已經接受先進國家的金援，債務卻仍然像滾雪球一樣越滾越大。

從Zero到Hero的致富Note

◎富人的思維，不是什麼實用的技術，而是一種懂得分享的處世哲學。

美國石油大亨洛克菲勒，在中年的時候，並沒有因事業的成功獲得人們的尊敬，相反，鄰居討厭他，他在鄰居們的眼裏，不是一位富有的紳士，而是一個摳門的小氣鬼，甚至有些人還把他看成一個只顧賺錢的「吸血怪物」。

但當時的洛克菲勒並不以為意，依舊不斷為了自己的事業而得罪鄰居，他比較在乎和擔心是自己的身體健康，因為醫生說他患有嚴重的精神衰弱和心臟病，而且，生命最多只剩下十年。

從Zero到Hero的致富Note

◎節儉是有必要的，但如果你有志於躋身富人的圈子，就必須學會豁達地分享自己的財富給有困難的窮人。

為了延長壽命的洛克菲勒，只好接受醫生的建議，停止忙碌不休的工作型態，來休養身體。但他依舊整日精神緊張，無法有效的放鬆身心，這時他去看了心理醫生，醫生告訴他不要把財富看得太重，讓他開始檢討自己過去對財富的看法。

洛克菲勒心想著，自己已經登上財富的頂峰，還要這樣拚命，到底是為了什麼？後來他才發現，這些都只不過是出於一種習慣，因為他是從一個貧窮，白手起家的人，心裏總對財富隱藏著深深的渴望和患得患失的得失心態。

從Zero到Hero的致富Note

◎買股票能致富，買政府公債只能保住財富。百萬富翁的共同經驗是：別相信那些黃金、珍奇收藏品等玩意，把心放在股票上，這是建立財富的開始。

後來，洛克菲勒終於意識到自己既然已經是一個富人，應該要活得像一個富人的樣子。他開始建立了很多基金，幫助困難的人，他捐了上億的善款，終於獲得前所未有的解脫。因為，他懂得擁有一個富人的修養，像上帝一樣到處施捨，因此，讓他開始被以前討厭他的鄰居尊敬。

而這也讓他從此精神愉快，進而讓他的身體有了奇蹟似的轉變，最後他不僅活過醫生跟他說的十年，而且，還活到八十多歲。

人生努力組到人生勝利組的Tips

一、想成為百萬富翁嗎？其實也不難。首先要制定目標，這個目標不論是準備好小孩子的學費，還是買新房子或在五十歲以前，舒服的退休……都要全心全意的去努力。

二、從現在就開始投資，有人也許會說：「沒時間投資。」但是，你為什麼不減少看電視、低頭滑手機的時間，把精力花在學習投資管理財產的事情上呢？

致富 Tips 23

「花明天的錢，圓今天的夢」是所有「沒錢人」的生活方式

有一對年輕夫妻，丈夫從去年開始就到上海的外商公司工作，期間把賺到的薪水陸陸續續的寄回家，有朋友建議妻子說，這幾年美元一直在漲，人家都忙著把新台幣換成美元，她也應該趁現在有錢，就多存點美元。

可是這個妻子把錢都領出來，去買一間小公寓，然後租出去，坐收租金。

從Zero到Hero的致富Note

◎管理財產專家建議將財產分三份：一份存銀行、一份投資房地產、一份投資於較投機的管理財產工具上。

◎管理財產致富是「馬拉松競賽」而非「百米衝刺」，比的是耐力而不是爆發力。

上述這對年輕夫妻的故事，確實不同程度存在我們生活的周遭，現在人們手頭有了一些多餘的錢，如果只是存在銀行，很難達到用錢生錢的目的。炒股票和買賣外匯，除了需要有一定的專業知識，更重要的是要花費很多的時間和精力。

因此，一般家庭選擇的投資方式，不外乎是存一點外匯，或者是買一間小公寓，然後租出去，讓自己既擁有房子又有錢拿。

買房子優點看上去很多，房子畢竟是不動產，如果房子的地段好，租金還可能水漲船高，但是一般上班族買的房子，很難保證有多好的地段，更重要的是，房子的變現能力不是很強，這是最大的缺點，一旦急著用錢，房子不一定好賣，即使是很快就賣掉了，也往往賣不到好的價格。

如果把錢用來存外匯的話，更加無法掌握，因為，全球匯市風雲變幻，各國經濟的基本面更是錯綜複雜，誰能保證今日弱勢貨幣，明日不會成為外幣儲蓄的首選？誰又能保證今日的強勢貨幣，明天依舊看漲呢？

從Zero到Hero的致富Note

◎低利率時代，物價水準相對也較低，有錢要消費，沒錢利用消費信貸也要消費，「花明天的錢，圓今天的夢」往往是一般沒錢人主張的一種生活方式。

上班族雖然知道投資的重要性，但由於每個月拿的是「死薪水」，收入都是固定的，因此，正確使用有限的資金，安排好自己的家庭生活，就顯得更加重要。

如果沒有一個合理有效的管理財產計畫，便常常會出現捉襟見肘的情況，弄得不好，還會影響家庭和睦與生活品質。

一般拿「死薪水」的上班族，因為各人所從事的職業、所擔任的職務不同，收入又會有天壤之別，如何根據自身情況，制訂出一份合理、有效而又實用的理財計畫來管理財產，是一門必修的課題。

從Zero到Hero的致富Note

◎對於短期無法預測、長期具有高報酬率的投資，最安全的投資策略是：「先投資，再等機會，而不是等待機會，再投資。」

一般來說，每一個家庭儘管其情況不同，但在花錢消費上卻大致相同，可按「必需、稍緩、彈性」三大層次，視具體情況及輕重緩急程度的不同具體區分，將衣食住行、撫養孩子、儲蓄保險、人情往來等四大方面分類，以達到更好的支配手中資金之目的。

從Zero到Hero的致富Note

◎學會信貸消費，是國人向投資管理財產新觀念邁進的重要一步。

分類之後，我們很容易看出這四大方面的重要程度—衣食住行和撫養孩子是十分必需而又十分重要的，應該列在第一位；儲蓄保險則是可以稍緩的次要部分，只有在自身經濟條件許可的情況下才做，如此才不至於「心有餘而力不足」；至於人情往來花費，則是最次要的一部分，可歸為「可有可無」，屬於彈性機動的花費，這筆錢可以隨時挪做他用。

當然，生活不是算術題，可以將其套入現成的公式來獲得答案，而是必須依照實際狀況，來分配自己的生活消費，如此一來，才可以讓你的生活過的更美好！

人生努力組到人生勝利組的Tips

一、棒球選手如果只想打全壘打，其結果是被三振的機率會高於只想擊出安打的球員，投資的道理亦與此相同。

二、百萬富翁並不是因為投資高風險的股票而致富的，他們大多數只投資一般的績優股，低風險的斂財。

三、只有窮人會一昧厭惡國稅局，富人則是將國稅局當成自己的投資夥伴；注意新稅務規定，善於利用免稅的投資管理財產工具，讓國稅局成為你致富的小幫手。

致富 Tips 24

存在銀行的錢，只會越存越薄，現在的我們，比任何時候都需要投資

為什麼越來越多的人選擇投資證券這種虛擬的紙上財富？因為隨著社會日漸富裕和經濟發展的轉變，從儲蓄轉向投資的步伐也逐漸加快，而儲蓄比例的增長也開始出現趨緩之勢。

在這個年代，財富的象徵是一捆捆紙幣、一張張信用卡，有些人的財富只是行情表上不斷上下的數字，是利率、通脹率、外匯牌價……隨時可能在一夕之間崩盤，因此，有些人的投資致富方式，漸漸改變，除了買張彩票發橫財夢之外，買黃金、買珠寶、買房地產、收藏古董、郵票等等可以保值的實物，都成為這些人成功致富的投資新選擇。

從Zero到Hero的致富Note

◎「貪念」經常令人失去理智，急功近利地想要快速發財，不顧風險追求短期利益，這其

實不是管理財產投資，而是投機和賭博。

◎窮人也要投資，而且越是缺少資本的人越是需要及早投資，缺錢的不一定是窮人，缺資本的才是窮人，擁有資本，代表擁有能不斷增值的錢財！

現在全球的富豪，必須每天早上看看電腦螢幕才知道自己的身價，並不像古代的富翁，隨時都可以摸到他的財富。

現代抽象的財富流動得快，增加也快，同時風險更大，但卻成為現代很多人的投資選擇，譬如股票、基金和各種債券投資在內的證券投資最容易被個人所操作，只要你去股市開戶，便可以參與廣大的證券市場，而債券投資則更為簡單，只需將債券購入手中，兌現獲取利息只是時間問題……然而，上述投資方式，大都符合現代人樂於自主經營的投資理念。

從Zero到Hero的致富Note

◎證券投資可多可少，較適合中低收入階層參與投資。

但投資的長期回報，是與風險相連的，世上沒有長期低風險高收益的投資，投資時將資金過於集中某些投資項目，或以借貸方式來投資，甚至盲目地用譬如期貨、期權……等某些高風險的投機工具，去達到以小搏大的目的，結果往往讓自己焦頭爛額，甚至血本無歸。

電腦、網路公司股票飆升的時候，吸引了不少人瘋狂的去投機買賣，那些短期內損失資金一半以上的朋友，都是過於貪心，才會借錢或向銀行融資去做超越本身經濟能力的投機，最後讓自己陷入經濟危機。

從Zero到Hero的致富Note

◎儲蓄是短期內最安全的管理財產方式，長期來說又是最危險的——銀行的存款利率實在太低，利息還要繳稅。

在每一年的開始，可以反思一下自己對管理財產的心態，然後，再花時間為自己的財務做一個謹慎的規劃，規劃的步驟如下：

一、先將房屋貸款以外的債務儘早清還。

二、然後儲存足夠的備用金，放在穩當的短期投資上。

三、再將可做長期投資的資金，按照個人對風險的承受意願和能力，分配投資在不同風險和不同性質的投資工具。

四、最後用一個長線投資的心態，去耐心地等候收成。

從Zero到Hero的致富Note

◎貪心除了導致財務上的虧損外，也危害個人身心健康與家庭生活。

一般來說，儲蓄是勤儉持家的人傳統的選擇，投資是富人的遊戲，因為窮人哪有餘錢去玩富人的金錢遊戲？

不過時代在變，觀念也在變，即使你買得起一間遮風避雨的小房子，可能還是一個窮人，因為當你手頭餘錢不多的時候，你選擇儲蓄，把錢越儲越小、越儲越薄……

管理財產是需要有計畫、心思、耐心和原則的，絕不可貪心。很多人覺得投資需要的基金很難籌備，但由做家庭預算開始，去將資金逐漸地省下來，並同時以有效的方法，去將這些資金做投資，這些方法都能助你將投資風險減少到一個最適合你個人的致富方法。

人生努力組到人生勝利組的Tips

一、貪財是「萬惡之源」，只會為你帶來妒忌、愁苦和爭執，是想要致富的最大障礙。

二、貪心會腐蝕內心的滿足、平安和喜樂，而這些都比財富更寶貴，也不是金錢能買得到的。

致富Tips 25

如果不能用一句話，把要投資的公司描述出來，它的股票就不要去買

在從事任何投資的時候，你必須清醒地認識到，投資並不像在漁場裏釣魚那麼簡單，如果一筆生意聽起來，好得讓人難以置信，那這筆生意就是一樁不值得相信的生意。

如果你不認清現實，天真的以為真的有從天上掉下餡餅的好康生意，因而不去重新調整你的投資計畫，那麼你將會再次陷入失敗的漩渦當中。

從Zero到Hero的致富Note

◎在一般情況下，三分之一的資金做為絕對保守的運用，再加上防禦性的投資，佔六成的資本都用來自保，剩下可做為主動出擊的投資。

其實，投資不是「多人遊戲」，而是「一個人的遊戲」，你必須自己判斷，想投資那就要自己好好的研究，你將要進行的投資交易。另外，期望不要過高，當然，期望你的投資每五分鐘能翻一倍，做為夢想是無可厚非的。

但你要清醒地認識到，這是一個非常不實際的夢想，甚至是一個「白日夢」，因為，如果年平均回報率能達到十分之一，就已經非常幸運了。

從Zero到Hero的致富Note

◎早起的鳥兒有蟲吃，「成功屬於當機會到來時，已經做好準備的人」，這雖然是一句大家都知道的話，但卻沒有幾個人可以真正做的到。

「風險」不僅僅是兩個字而已，它值得每一個投資者好好的去重視。雖說，風險越高的投資獲利也越高，但前提是你必須要有萬一虧損的本錢，所以，一個重要的原則就是，在購買股票之前，不要先問「我能賺多少」，而要先問「我最多能虧多少」。

因為，虛漲的股票只是影子，公司的股票和公司是有區別的，有時候，股票只是一家公司不真實的影子而已，所以應該多向經紀人詢問股票的安全性，才能保住自己的「辛苦錢」。

從Zero到Hero的致富Note

◎現在流行的管理財產方法，將管理財產比做行軍打仗，各司其職。

當你準備投資的時候，別在不知道選擇時出手，這一點尤其重要，先把投資的項目搞懂再說，而且是要完全的弄懂；要知道溺死的往往不是不會游泳的人，而是對游泳一知半解的人。

另外，不要把目光投向一些現在正在衰敗的公司，以及輕信債務大於公司資金的公司，一些公司透過發行股票或借貸來支付股東紅利，但是他們總有一天會陷入困境。

從Zero到Hero的致富Note

◎投資大師彼德．林奇曾說過一句名言：「如果你不能用一句話，把自己要投資的公司給描述出來的話，它的股票就不要去買。」

雖然，把所有的資金押在同一個地方，可能會帶來巨大的收獲，但也會帶來同樣巨大的虧損。除非你有虧不完的錢，否則應該要聽一句話：不要把所有的投資都放在一家或兩家公司上，也不要相信那種只關注一個行業的投資公司。

要永遠記住，盈利才是可以用來衡量一個公司的好壞的標準，無論分析家和公司怎樣吹噓，記住這條規則，盈利就是盈利，這是唯一的投資致富的準則。

人生努力組到人生勝利組的Tips

一、用做為守衛型的資金，主要投在儲蓄、置產、保險等方面；而防禦作用的投資，則放到政府債券、投資基金、超級績優股、外幣存款等方面。

二、進攻性的資金流向其他實力股票、優先股票及開放性投資基金；用做激戰的錢拿來炒房地產、期貨、股票及垃圾債券。

致富Tips 26

財富不是省出來的，而是靠花錢花出來的

世界上所有億萬富翁的共同特點，除了擅長規避風險之外，就是他們會讓自己的生活沒有太多意外，也就是一切都在他們的掌握之中。

其實，類似像「規避風險」的一些管理財富金言，看似尋常，也不難操作，可要付諸實踐，還是不容易。因為，貪婪的人性，經常會冒出一些像急功近利、患得患失、墨守陳規……等等，會成為讓自己通向財富頂端的障礙，使靈光一現的財富，盡失於人性的種種雜念。

從Zero到Hero的致富Note

◎賺錢往往是一種靈感，一種創意，要從別人忽略的細節裏捕捉機遇，等到大家都迷迷糊糊的時候，賺錢的機會自然源源不絕，想擋都擋不住！

「投資必須習慣成自然，不論投資金額多少，只要做到每月有固定投資，就足以使你超越大多數人。」這是《成為百萬富翁的八個步驟》這本書中，作者從眾多創業家的致富經驗裏，提煉出讓平民百姓有望晉升七位數身價的行動綱領。

其實，所有的「有錢人」並非一開始就有錢，財富的積累是個由小到大的過程，諸如每個月拿出收入的五分之一，強迫用於投資，無論是賺取孩子的學費，還是用來購買房地產，都必須制定管理財產目標，也就是別眼高手低「先求一壘打，不要只想全壘打。」然後，按部就班地去攀登財富的高峰。

從Zero到Hero的致富Note

◎有充足的致富正面思考來支撐，才能擴大發展，投資才能源源不斷。

某位理財專家曾說：「財富不是省出來的，而是靠花錢花出來的！」對於這個說法，老一輩的人大多都不會同意，他們認為財富的積累，靠的是省吃儉用，怎麼會有靠著花錢來促使自己賺錢的道理呢？

儘管如此，時代的進步，導致人們對傳統管理財產觀念，有了一些逆向思考。許多時候，賺錢的智慧僅需一點點就夠了，因此，與其靠著雙手一個銅板一個銅板省錢，還不如靠腦袋來賺錢，所以，現代人看待賺錢，充滿著果敢和自信，從發掘「第一桶金」開始，就接著一桶一桶的獲得。

從Zero到Hero的致富Note

◎其實，條條「錢」路通羅馬，淘金的管道林林總總，不該有「末路狂花」的感嘆，只要你能做好萬全的理財計畫。

有些炒作股票的人認為，拍賣會上紅得發紫的法人股，可以算是認購證、轉配股、股王之後的「最後一桶金」，這話說的似乎有點絕對，不過，如果存錢還只是一種原始積累，那麼投資方式的衍生，則使人們口袋裏的閒錢，有了「生錢」的機會，由此可知，投資還是致富的最佳途徑之一。

從Zero到Hero的致富Note

◎大桶贏金，想法是積極的，但是關鍵在於贏幾桶金，才算贏夠。

其實，現在這個時代，想要為自己贏得人生的「第一桶金」，有很多不同於過去的不同方法，比方說創業，未必要籌足本錢，依賴銀行貸款，也能改寫老闆故事，讓「白手起家」找到最好的註解，又比方說買房子，過去是讓自己有地方渡假，現在則是租出去坐收租金，一進一出，呈現出盈利的空間；另外，近十年來興起的彩券，即使花錢很少，但只要機會和機遇一碰頭，同樣能獲取意外的驚喜。

人生努力組到人生勝利組的Tips

一、有些人只想拚命賺錢，人心不足蛇吞象，結局一般都很糟糕；不是因為貪心而賠光了積蓄，就算賺得幾千萬元資金，但一輩子都活的戰戰兢兢，而且也只能享用自身財產其中的一小部分。

二、一位股市名人有句話說的很有道理：「對我來說，有十萬元與有一百萬元都是過同樣的日子，所以對錢的態度就坦然了。」

致富Tips 27

將賺錢視為「罪惡」的人，卻比任何人都喜歡這種「罪惡」

美國政治家、企業家富蘭克林就曾說過：「時間就是金錢、信用就是金錢、誰若丟掉了五先令，實際損失的不只是這五先令，而是損失了五先令在周轉中可以帶來的收益，這收益到了年老時，會變成一筆大錢。」

從Zero到Hero的致富Note

◎富蘭克林似乎有一種典型的資本主義精神，他的觀念是增加自己的財富資本是每個人的責任，而增加財富的本身就是目的。

一般人都以為商人大多都是奸商，商人只圖利自己，對社會貢獻不如教育者、傳播者、公益者、從政者，士、農、工、商的階級觀念還是存在，而這就是自相矛盾和非常偽善的地方，因為大家都愛賺錢，但意識上又對賺錢視為罪惡，賺錢的人自己也會有道德上的自我設限，賺了錢不敢講，好像做錯事一般。

從Zero到Hero的致富Note

◎賺錢，應該變成一位有信譽的人的一種理想、一種觀念。

然而，將賺錢視為罪惡，就是賺錢背後的負面意識形態在做祟。其實，每個人賺錢背後，需要有一種正面的意識形態支撐，才能讓賺錢變成一種理想、一種觀念，才會有競爭力。

「把賺錢當成一種責任」是一種非常正面的意識形態，賺錢行為並不一定是為了物質享受。如果是這樣，這個社會可能就不會把賺大錢當成罪惡、不道德，反而可能變成一種美德，一種致富的光榮。

從Zero到Hero的致富Note

◎必須為賺錢致富找出一個意識形態，讓賺錢致富變得理直氣壯、有理念，也才能為所有主流的價值觀所認同。

即使股票價位已高，大戶仍大膽地購進，這是大戶操縱股市的慣用伎倆，由於大戶這樣操作，讓交易量日增，價位日益上漲，許多散戶投資者紛紛跟進購買，大戶便可以在高價時，不露聲色地賣出獲利，「坑殺」散戶。

然而，這些被「坑殺」的散戶，因為沒有察覺大戶刻意操縱股價，在價位日益上漲時，仍然高價買進，卻不知這時大戶已悄悄出手，這時散戶投資者便可能成為被高價套牢的「傻子」。

做為一種短期投資技巧，使用「坑殺」散戶方式的大戶是建立在假想會有更傻的投資者的前提，才能伺機獲利，因此，這種方法其實是一種高風險高獲利的投資方法，一旦找不到比自己更傻的散戶，投資者自己就會大虧血本，成為最慘的「傻子」。

從Zero到Hero的致富Note

◎在實際的股票買賣中，每一個想刻意炒作股價的投資者，都可能同時扮演聰明人和傻瓜這兩種角色，這就決定了這一方法具有極大的風險性。

正因為股票投資這種方法具有極大的投機性和風險性，所以期望用這一方法孤注一擲，大膽一搏的投資者必須對所選股票和股市行情做認真的分析。

另外，必須選擇業績優良公司的股票，因為這類股票在業績穩定的時候，不斷上漲，人們由於對其業績的穩定預期，股價一般不會「意外」下跌，投資者就可以在股價進一步上揚中獲利。

人生努力組到人生勝利組的Tips

一、賺大錢最快速的方法之一，就是購買有良好前途的股票，這類股票具有良好的展望且獲利率高，股價可能會在股民普遍看好之中，一直上漲。

二、高價買進股票後，價格可能開始下跌，但購進的低價股票，也容易成為人們爭購的對象。

（輯五：）

即使是比爾·蓋茲，也不會把全部資金押在漲停板的科技股

格拉丹特在概括比爾·蓋茲的投資戰略時說：

「比爾·蓋茲看好新經濟，

但同時認為舊經濟有它的亮點，

也投資了舊經濟的一些公司，

從比爾·蓋茲的投資，

學到的是你應該有一個均衡的投資組合，

也就是即便是像比爾·蓋茲那樣的超級富豪，

都不應當把全部資金押在漲得已經很高的科技股上。」

致富Tips 28

要將財產留給子女，就像教他們喝酒一樣，應該每次讓他們喝一點

《華爾街日報》報導表示：「打算把錢留給子女，卻直到死後才這麼做的父母，其實可以選擇另一種簡單的方法，去教育他們。」不過，為什麼大多數人都沒有選擇那麼做呢？

因為，直接在死後才給遺產的方法，父母只需關心一些譬如怎樣降低遺產稅……等等的技術問題，而無需對付真正棘手的問題。

從Zero到Hero的致富Note

◎幸運的是，有一些方法可以幫你既無需理睬傳統的智慧，又可避免讓子女以為你不愛他們、或不信任他們，其典型意義是及早開始，並創造性地運用傳統的遺產計畫，從而幫助子女在經濟和情感上成熟起來。

賓夕法尼亞州律師斯蒂芬・R・萊姆伯格說：「父母要將財產給子女，就像教孩子喝酒一樣，應該每次讓他們喝一點，不應該等到他們年滿二十歲後才教他們。」

「這麼做，你才可以有機會觀察孩子的進展。」克利夫蘭(Cleveland)的一位管理財產顧問卡倫・斯佩羅附和了斯蒂芬・R・萊姆伯格的說法。

從Zero到Hero的致富Note

◎如果父母只是簡單的把所有的錢都留給子女，而不考慮其後果，他們死後可能會給留在人世的家人製造浩劫，因此，你應該跳脫傳統的做法。

一些非常富有的父母會採取信託的方式來把他們對財富的價值觀一併轉交給子女，以防止他們走人歧途，因為，這種信託對財產分配限定了條件，比如從大學畢業，遵守家族信念結婚，或擁有固定工作，但這種迂迴方式，通常會適得其反。

加利福尼亞州律師傑佛瑞・康登說：「我們不認為上述這種方法能奏效。」

康登與人合著了一本關於把錢留給子女的書中，甚至指出：「限制性條件無法彌補父母教導上的不足，這只會讓你的子女最終怨恨你。尤其是如果子女把這種方法看做是對他們的控制，或從中得出他們無法管理這筆錢的資訊，就白費了父母的一片苦心。」

因此，父母將要留給子女財產信託的這種方式，必須要有更周延的配套方法來輔助，以免反而得到反效果。

從Zero到Hero的致富Note

◎在錢的問題上，及早起步並逐步進行，這也許有助於你更好地決定怎樣做對孩子最有利。

家族基金也是一種不錯的方法，父母可以給每個子女留一筆固定的資金，把所有遺產集中成立一個慈善家族基金，並由子女來管理，而子女的參與程度可以低到每年進行一次財產分配。

「家族基金的方法，是保證子女每年聚一次的最佳方式。」康登說。

如果基金規模足夠大，好處還很多，因為家庭成員或許能充當職員，獲得退休補助，甚至還可得到醫療保險，但這種做法必須合法。

從Zero到Hero的致富Note

◎現在，已經有很多人喜歡用投資慈善信託，來進行慈善捐贈，因為，這不僅可以使你的生活更有意義，而且還可以使自己的晚年生活更有保障。

投資慈善信託的價值與稅收無關。首先，這種信託結構可以確保你的子女們好幾年內得不到這筆家族財產。其次，透過由子女來每年進行慈善捐贈，他們也得以參與慈善事業，並可以處理數目龐大的資金，而且，他們可以在你仍健在時做這些事。

另外，這種方式還具備經營人際關係上的好處，比如，每年一萬五千美元的捐贈，可以讓你的子女進入董事會，這樣一來，你的子女可以藉著與慈善人員共事，增進自己的社交能力。

人生努力組到人生勝利組的Tips

一、如果信託資金在父母死後才能生效，則信託條件可能要到子女步入五十歲後才適用，這時想塑造子女性格早就已經太遲了，財產信託應該進行的越早越好。

二、懂得在孩子們還小的時候，就將財產有計畫地給予，將有利於子女的工作發展，從更基本的層面上講，這也有一定的價值。

致富Tips 29

即使是比爾·蓋茲，也不會把全部資金押在漲停板的科技股

在起伏不定的華爾街股市中，人們應當怎樣投資？這是一個智者見智、仁者見仁的問題。比爾·蓋茲看好新經濟，但同時認為舊經濟有它的亮點，也投資了舊經濟的一些公司，也就是說他在投資新經濟股票時，也同時兼顧舊經濟股票。

從Zero到Hero的致富Note

◎格拉丹特在概括比爾·蓋茲的投資戰略時說：「從比爾·蓋茲的投資，學到的是你應該有一個均衡的投資組合。」

◎格拉丹特說：「投資者，哪怕是像比爾·蓋茲那樣的超級富豪，都不應當把全部資金押在漲得已經很高的科技股上。」

曾經連續三年穩坐全球首富地位的蓋茲，因為新經濟泡沫爆破，因而在英國《星期日泰晤士報》二〇〇一年的世界富豪排行榜中喪失了首富地位，微軟公司股票的價格也一度下降五分之三，而這也讓他擁有的資產估計損失兩百多億美元，降至五百四十多億美元，少於擁有六百五十多億美元財產的美國「超市大王」—沃爾瑪公司老闆沃爾頓。

但是比爾・蓋茲並沒有喪失對「新經濟」的信心，他的錢財絕大部分仍然是投資在微軟公司的股票上。

從Zero到Hero的致富Note

◎在股市下跌時，一類股票可能對沖了另一類股票的失利，而在股市全面上升時，兩類股票可能錦上添花，相得益彰。

雖然，蓋茲曾拋售了一些微軟公司的股票，但依據統計，比爾・蓋茲擁有微軟公司股本的十分之一，現值約四百九十六億美元，當時美國的一些財經報刊雜誌認為，如果微軟公司股票回升，比爾・蓋茲是不難在下一年的世界富豪排行榜上奪回首富地位，然而，微軟公司的股票價格，也確實在二〇〇二年初回升二分之一。

從Zero到Hero的致富Note

◎比爾．蓋茲選擇「不把雞蛋全放在一個籃子裏」，而這也是他投資聰明之處。

根據報導，比爾．蓋茲透過小瀑布公司收購了紐波特紐斯造船公司十分之一的股票，這些股票的價格，在二〇〇一年差不多上漲了一倍，而這也顯示在比爾．蓋茲對舊經濟部門的投資中，對比較穩健的重工業公司的投資已獲得相當好的成績。

比爾．蓋茲對加拿大國家鐵路公司的投資也給他帶來豐厚的回報，該公司二〇〇二年股價上升約三分之一。而且，在二〇〇二年，由於，著名的通用動力公司宣布要購買紐波特紐斯這家造船公司，該公司的股價又上升了約五分之二，這又讓比爾．蓋茲的荷包進帳不少。

從Zero到Hero的致富Note

◎巴菲特素有「華爾街股王」之稱，他的投資對象都是舊經濟公司，從來不投資新經濟的科技股。

根據《亞洲華爾街日報》報導，一九九五年比爾．蓋茲就建立了投資公司，由不大出名但頗有眼光的華爾街經紀人邁克爾．拉森主持。這家設在華盛頓州柯克蘭的公司，運作十分保密，只為比爾・蓋茲的投資管理財產服務，主要的業務就是分散和管理比爾・蓋茲在舊經濟中的投資。

當股價下跌時，政府債券的價格往往是由於資金從股市流入而表現穩定以至上升的，這就可以部分抵消股價下跌所遭受的損失，因此，比爾・蓋茲委託邁克爾・拉森主持的這家投資公司，也將部分資金用來投入債券市場，特別是購買國庫券。

同樣，小瀑布公司也大量投資於「舊經濟」中的一些企業，並以投資的多樣性和保守性聞名。它在這方面的一個慣用手法是「趁低吸納」，即購買一些價格已經跌到很低的企業股票，等待股價上升時，拋出獲利。

比爾・蓋茲分散投資的理念和做法由來已久，而他的投資不少是從長期著眼的，例如投資於阿拉斯加氣體集團公司和舒尼薩爾鋼工業公司。

他的投資代理人邁克爾・拉森，就把小瀑布投資公司稱為「長期投資者」，在這個方面，比爾・蓋茲的投資策略，簡直和股神巴菲特如出一轍。

人生努力組到人生勝利組的Tips

一、在股票價格大跌時，一些舊經濟公司相對而言有較佳的表現，巴菲特的投資公司二〇〇一年確實賺了不少錢，但他在全球富豪排行榜上仍然落後於比爾・蓋茲。

二、紐約投資顧問公司漢尼斯集團總裁查理斯・J・格拉丹特說：「比爾・蓋茲看到了把投資分散、延伸到舊經濟的必要性，而他的好友巴菲特卻沒有看到把投資分散到新經濟的必要性。」

致富Tips 30

慾望是所有致富的起點，如果不想變成有錢人，就永遠不會變有錢

每天在商場上日進斗金的人，通常是很冷靜的，有時候甚至很無情，因為他們擁有強大的意志力和強烈的賺錢慾望做後盾，並且靠著堅忍的性格將意志力和慾望正確地組合起來，形成一股無可抗拒的力量，來實現他們的致富目標。

從Zero到Hero的致富Note

◎瞭解自己達成慾望的計畫有沒有效果，是根據經驗或觀察而來，而且必須是正確無比的，因為，正確的瞭解可以激起人們堅忍的毅力。

◎把個人的思想集中在擬訂計畫，以便實現一項明確的目標上，這會鼓舞一個人在致富的路上，培養出堅忍的毅力。

從數千人的經驗中，可以得到確切證明，缺乏堅忍的毅力是大多數人常見的共同弱點，也是失敗的主要原因之一。

堅忍是一種意識狀態，跟所有的意識狀態一樣，也是以明確的動機為基礎，因此，堅忍的性格是可以培養的，然而，一個人缺乏堅忍的毅力是否能夠克服，完全視這個人對慾望的強烈程度來決定。

從Zero到Hero的致富Note

◎「堅忍」這個名詞，可能沒有什麼英雄式的涵意，但這種美德跟人類個性的關係，就像碳和鋼鐵。

想要學會堅忍，必須要有明確的目標，其實，任何人都能學會堅忍，因為，一個人知道自己想要什麼，是發展堅忍的毅力的第一步，也是最重要一步，再來則是需要強烈的慾望，由於，在追逐強烈慾望的目標時，很容易獲得以及維持堅忍的毅力。

另外，還要搭配上自信，也就是必須信任自己有實現某項計畫的能力，並且能夠鼓勵別人，以堅忍的毅力從頭到尾完成這項計畫。

最後，要有明確的計畫，這是發展堅忍毅力最重要的步驟，也就是要策劃周詳的計畫，即使這些計畫薄弱而且完全不切實際，也能培養出堅忍的毅力。

從Zero到Hero的致富Note

◎諒解以及和諧的合作，能夠在致富的路上，協助自己發展出堅忍的毅力。

我們可以自我省思一下，目標、慾望、自信、明確的計畫等等，自己都具備嗎？如果有欠缺的話，再看看這些因素中，欠缺的究竟是哪一種？

這種分析反省可能使你獲得某些新的發現，進而讓你能夠對自己獲得新的瞭解，因為，你不僅會發現顯示你缺乏毅力的某些「跡象」，也將同時發現造成這些弱點的潛意識原因，最後，得出「缺乏毅力」就是阻擋在你和重大成就之間的「敵人」的結論。

從Zero到Hero的致富Note

◎慾望是所有成功致富的起點，你腦中要時時記住這一點。

大多數沒有去反省、檢討不夠堅忍原因的人，在第一次看到反對或不幸的跡象時，就迫不及待地宣布投降，並把它們的目標和目的拋到腦後，只有少數會去克服不夠堅忍缺點的人，能夠不理會所有的反對力量，堅持到底，直到實現他們的目標為止。

淡薄的慾望產生淡薄的結果，就如同小火只能產生少量的熱氣。因此，如果你發現自己缺乏毅力，除了及時反省自己之外，在慾望底下燃燒起熊熊大火，也可以補救這個缺點。

人生努力組到人生勝利組的Tips

一、堅忍的毅力是習慣造成的直接結果，人類的意識會吸收每天所獲得的生活經驗，並使自己成為這種經驗的一部分。

二、「恐懼」是所有敵人中最可怕的一種，但只要能強迫自己每天重複從事一些勇敢的行為，就能克服恐懼。

致富Tips 31

一個人的工作能力並不在於智商，關鍵在於用什麼態度去面對工作

自作聰明去思考問題的人，總以為沒有自己想不到的事，讓自己既容易形成剛愎自用、聽不進別人意見的固執性格，又容易有先入為主的偏見，使自己的思考流於表面，結果就是不能深入去瞭解事物的本來面目。

從Zero到Hero的致富Note

◎聰明不是說出來的，靈巧的嘴巴並不會輕易的帶來成功，嘴上的工夫永遠不如事實本身更具有說服力。

◎每個人都認為自己比別人聰明，沒有人會心甘情願地承認自己比別人愚笨。

天資並不是一個人獲得成功的絕對條件，先天不足後天補，知道自己不夠聰明的人，只要明

白「勤能補拙」這個道理就已經足夠了。

完全沒有必要去追根究柢自己到底「笨」到什麼程度，因為這不會有任何意義，也無助於你任何決策的行為，而且只會自己打擊自己的信心而已。

在社會的輿論壓制下，隨波逐流的處世之道也許適用於那些聰明人，但這種方式並不適合先天不足的人。

「把自己想像的更笨一點」反而是最好的思考方法，因為，這總比「自大」和「自以為是」要來的好，而且，越是把自己想的笨一點，就越有可能讓自己按部就班腳踏實地去工作，使自己立於不敗之地。

從Zero到Hero的致富Note

◎聰明過度比愚蠢更糟糕，因為聰明過度的人，往往會有一些思考的致命盲點。

「傻人有傻福」這句話的真正意思，其實是這些被外界認為的「傻人」，為了彌補先天的不足，在後天付出超乎尋常的努力，並不是所謂的「老天」為了彌補造物時的不公平，讓他們在看似沒有付出多大的努力就獲得了成功。

否則，在成功者的陣營中，就不會既有「傻人」又有「聰明人」了！

自知能力不高的人，在做事情時就會更仔細更加投入，想到的問題也就更多，而一個知道自己不夠聰明的人，做起事來往往特別認真負責，對事物的瞭解也就會越多，因為知道自己不聰明的人，認為只有踏踏實實做事才不會出紕漏。

然而，這種小心謹慎的工作方式，往往會讓「傻人」的工作績效，比絕大多數的聰明人，還要高出好幾倍。

從Zero到Hero的致富Note

◎人的聰明才智不在於智力的強弱，而是在於應用經驗的強弱。

當然，在失敗者當中，也同時存在著「聰明」和「愚笨」這兩類人，造物主是公平的，祂並不用同樣的秤來衡量所有人，他給予每個人相同的成功機會和潛質，然而，每個人利用這些機會和潛質的差異，就會出現成功和失敗兩種不同的命運。

所以，知道自己傻，並不是一件壞事，有些「聰明人」即便工作能力很強，卻由於過於傲慢，以至於工作態度馬虎，最後的成就反而比笨的人還要差。

從Zero到Hero的致富Note

◎不是先天的聰明創造了智慧，而是後天的努力創造了智慧。

承認自己不夠聰明，這話說起來簡單，做起來卻很困難，因為，在現實生活中，很少有人會在別人面前長他人志氣，滅自己的威風。

凡事懂得做最壞的打算，才有出人頭地的可能，因為從另外一種角度來看，傻一點並沒有什麼不好，聰明反倒容易誤事，也許有一天，社會輿論對於聰明與愚笨的評價會顛倒過來，人們崇拜的對象也會隨之改變。

人生努力組到人生勝利組的Tips

一、奮力往前的熱情，常常讓最聰明的人變成瘋子，但也讓最愚蠢的人，變得聰明起來。

二、懶得思考，不願意鑽研和深入研究，自滿或滿足於微不足道的知識，這些都是智力貧乏的原因，這種貧乏通常用一個名詞來稱呼，就是「愚蠢」；但「愚蠢」只需要一個動詞就可以徹底消滅，那個動詞叫做「努力」。

致富Tips 32

即便是三分鐘公開談話，也要經過好幾個小時的不斷設計和演練

你也許在電視螢光幕前面，對一些大企業家接受媒體訪問時的良好形象讚歎不已，你或許會認為當他們出場時，他們的一舉一動所展現的獨特氣質，是代表該集團唯一一位最恰當的人選……但是你可能不知道這些大企業家，即便是三分鐘的公開談話，都可能在事前經過好幾個小時的不斷設計和演練。

從Zero到Hero的致富Note

◎一位美國企業家坦然承認說：「如果你認識昨天的我，那麼你就會說今天的我與昨天簡直判若兩人，因為我現在的一舉一動都經過了精心的設計。如果說我們企業設計有什麼標誌性的作品的話，那麼第一個代表作品就是我。」

◎某位日本企業家說：「我在走向經理職位之前，公司對我進行了精心的形象設計與培

訓。因為我要代表一個企業，我為此與形象專家們共同練習了三個多月。」

微軟創辦人比爾．蓋茲也非常注重自己的形象，他曾經請專家對自己的形象進行設計、包裝與宣傳，有一個幾乎只要講形象包裝的書，都會提到蓋茲的例子，就是在一九九一年，比爾．蓋茲準備要到拉斯維加斯發表演講，為了使自己在這場演講，以更好的形象出場，比爾．蓋茲特地請來演講博士傑里．韋斯曼為自己演講做指導。

韋斯曼在演講輔導方面是一位專家，經驗非常豐富，他從比爾．蓋茲的演講稿到手勢、表情，都做了重新設計，然後，花了十二個小時幫比爾．蓋茲做「特別訓練」。

熟悉比爾．蓋茲的人看到他的這場演講，都感到非常吃驚。只見比爾．蓋茲一改往日懶散隨意的形象，穿了一套昂貴的黑色西裝，而且演講時的語調和手勢都跟他們認識的比爾．蓋茲判若兩人，然而，比爾．蓋茲這場主題為《資訊在你的指尖上》的成功演講透過媒體傳播傳遍美國，進而讓比爾．蓋茲的形象魅力值迅速得到提升。

從Zero到Hero的致富Note

◎許多具有世界性影響力與傳播力的企業家，都是經過長時期的練習、包裝與宣傳，才形成光彩奪目的形象。

被譽為世界化妝品王國皇后的艾斯蒂．勞達，擁有幾十億美元的化妝品王國，是世界化妝品領域的一股主要勢力。

但鮮少有人知道艾斯蒂出身貧窮，並沒有受過多少教育，在她發達以前，以推銷叔叔製作的護膚霜為主，為了使銷售成績再好一點，她決定將產品客群定位於上流階層，因此，她經常到一些貴婦出入的場合向名媛貴婦推銷護膚霜。

可是，她的推銷卻沒有獲得什麼效果。後來，她終於忍不住問一個拒絕她的貴婦說：「請問，您為什麼拒絕購買我的產品呢？是我的推銷技巧有什麼問題嗎？」

從Zero到Hero的致富Note

◎最成功的形象塑造不僅僅在於外表，更在於內心，也就是加強自己的自信心。

那位貴婦對艾斯蒂說：「不是技巧有問題，而是妳這個人有問題，因為妳根本就是一個下流階層的人，讓我要如何相信妳推銷的產品是上流產品？」

雖然這位貴婦的話對艾斯蒂．勞達有輕視甚至污辱的成分，但卻讓艾斯蒂興奮異常，因為，她終於找到產品推銷不出去的問題關鍵，這個關鍵就是要讓顧客相信自己推銷的是上流產品，首先就是要讓顧客相信自己是一個上流階層的人。

從Zero到Hero的致富Note

◎企業家擁有一般人所沒有的成就、地位、財富與才能，這些對於改善形象、增強魅力都是非常重要的。

於是，艾斯蒂・勞達決心對自己的形象進行精心改造、包裝，她模仿名媛貴婦們的穿著打扮，模仿她們的言行舉止，甚至虛構自己的身世背景，將自己說成是出身貴族，後來家道中落，不得不以推銷謀生，使自己顯得更加高貴，更能夠打入上流社會……從此，那些名媛貴婦都爭相購買艾斯蒂推銷的護膚霜，而這也讓她認識到個人形象包裝的重要意義。

事實上，我們每個人都有著不同程度的潛在魅力，只是沒有用心去發掘而已，也就是說每一個人只要經過有計畫的形象包裝，都可以塑造出眾人注目的璀璨形象。

人生努力組到人生勝利組的Tips

一、天才企業家的魅力雖不能與生俱來，但是他們卻會請專家，對自己走路的姿勢、說話的語音、演講時的技巧，甚至手勢、衣著與化妝、禮節常識等等，進行精心的設計與練習。

二、透過細緻的研磨，慢慢的雕琢，精心的設計與練習，刻苦的練習，企業家們才能散發出迷人的形象魅力，才能從一隻醜小鴨變成光彩照人的白天鵝。

致富Tips 33

你的穿著往往能夠決定你給別人的「第一印象」

著名企業家薩姆・沃爾頓，非常尊重和重視自己的員工，為了不給員工有一種盛氣凌人的感覺，他學習拿破崙・希爾，記住每一個員工的名字，對於每一個新進員工的新面孔，他都非常努力去記憶。因此，當他視察自己的商店或公司，隨便遇到一名員工，他都能立刻說出名字。

這對於一名極為普通的員工來講，能被自己的大老闆記住名字是非常榮幸而不可思議的事。薩姆・沃爾頓就是透過這種方式，將自己對於尊重員工的這種「內在美」轉化成員工可以認識的「外在美」，讓員工們崇拜他、感謝他，進而心甘情願的為他效力。

從Zero到Hero的致富Note

◎事業成功的企業家，一般在衣著上都比較考究，處處充滿著生機與活力，使競爭對手們忘而卻步，使自己時時受一種光環的圍繞。

除了內在的修養之外，外在形象也是非常重要的。因為，得體大方的服飾，富有魅力的衣著，經常會使企業家在企業內部頗具威嚴，又不乏時尚，在談判桌上充滿自信，談笑風生，在交際的社交場合，自然而然的成為眾人關注和鎂光燈的焦點。

從Zero到Hero的致富Note

◎企業家的服飾，直接對社交中的「第一印象」產生重要影響，沒有得體的服飾，就沒有良好的形象。

一位著名的形象學與美學研究者曾說：「巴黎聖母院的加西莫多雖然內心很美，但是外表過於醜陋，因此，他還是不被大多數人接受。」

有些女孩甚至這樣認為，如果我是那個女主角，加西莫多不整容，我絕對不會嫁給他；由此可見，外在的形象美遠比人們想像的還要重要。

從Zero到Hero的致富Note

◎企業家的衣著與服飾的配戴藝術，對於企業家形象塑造來說，是非常重要的。

不得體的衣著與服飾配戴，會給人一種沒有修養的感覺，一位企業家的服飾，可以顯現出許多關於這位企業家的資訊，譬如，從服飾中，我們可以初步得到關於他的個性、愛好、興趣、基本素質、修養及意志力等等的許多資訊。

因此，如果企業家不重視穿著，會讓競爭對手從內心深處生出一種輕視、一種語言難以表達的彆扭，甚至會直接影響到之後兩家公司的合作與成功。

從Zero到Hero的致富Note

◎無法挑選適合自己服飾的人，往往給人一種不明白以及不能明確知道這個人究竟有沒有能力可以跟自己合作。

在商場上，企業家最初的合作看的是什麼？其實，不容否認的，有很大的成分是看對方的穿著。

一位企業家這樣說過：「有一次，我想開發一種新的產品，一個朋友給我介紹了一個合作夥伴，見面的那天，他穿著西裝，裏面穿的不是襯衫，而是穿了一件T恤，而且手裏還拿著長皮夾。」

「我當時看著就覺得奇怪，因為西裝是非常正式的服裝，他居然在裏面穿T恤來搭配，還拎著一個長皮夾，一副典型的暴發戶形象，因此，當時我就決定，還是不要跟這種人合作……」

後來，朋友跟我說：「他真的很有錢，而你剛好缺錢。」

我向朋友回說：「我是真的很缺錢，可是合作夥伴到底能不能合作才是重點，他出錢要與我共同決策，他的水準會影響到我的生意品味，所以我不選擇他。」

我們可以從這則故事中看出來，「第一印象」對於企業家來說，確實非常重要。因為，觀察人的規律是由遠到近，由視覺觀察再到聲音交流，如果一個人穿的衣服、戴的帽子看起來就覺得怪異，那麼企業家的心中便會產生反感，進而心想他連自己的衣著都管理不好，怎能夠管理自己的事業呢？

人生努力組到人生勝利組的Tips

一、在人們的印象中，一名精明幹練的企業家，絕對是衣著得體，而一名衣服搭配不得體的人，人們絕對有理由懷疑他的能力。

二、心理學家研究表明，服裝對心理有著重要的影響，所以在確立權威的方面上，一個人富有魅力的服飾，絕對是必須的。

(輯六:)

你為何寧可當一個手上一有錢,就拚命花光的「月光族」

其實,就算是億萬富豪,他們所擁有的萬貫家財,
也都是從零開始,因此,你不能因為自己錢賺的不多,
以為即使用來理財,也不能致富,
所以手上一有錢,就拚命花光,寧可當一個「月光族」,
也不屑將錢用來儲蓄或投資。

致富Tips 34

到底是死要「面子」，還是用死要的「面子」來獲得「裡子」

在一項人際關係的調查中，有八三．三三％的被調查者認為面子在人際交往中很重要，因此，很多人都寧願在別人面前「打腫臉充胖子」，也不願讓自己在朋友面前沒面子。

著名社會心理學家，台灣大學心理系教授黃光國先生出版了《面子：中國人的權力遊戲》，他的研究為面子背後深層文化內涵打開了一扇天窗。

黃光國教授認為，個人的面子是社會地位或聲望的一種函數，而這種地位和聲望可能來自個人的性別、家世、個人努力，也可以得自非個人因素的地位，諸如財富、權威或社會關係等等。

從Zero到Hero的致富Note

◎要做大事就不能把面子看得太重，歷史上所有名人志士，都是拋下無用的面子，才能在成功的大道走的又快又穩。

◎想要成為一個務實的實踐者，要拿出做大事不在乎榮辱、不怕丟臉的勇氣。

美國第九屆總統威廉・亨利・哈里遜出生在一個小鎮上，他在小時侯就是一個看似笨拙，實際大智若愚的孩子。小時候，他很文靜又害羞，因為他的性格與其他小孩不同，常會被人當做一個傻瓜、智能有障礙的小孩。

因此，鎮上很多人經常喜歡捉弄他，譬如有些人會把一枚五分的硬幣和一枚一角的硬幣扔在他面前，讓他任意撿其中一個。

小威廉總是撿那枚五分的硬幣，引來圍觀的人一陣嘲笑，於是，有些人三不五時，就會對小威廉玩著類似「撿硬幣」的把戲，來從中取樂。

從Zero到Hero的致富Note

◎林肯曾說：「過了四十歲的人，就應該對自己的顏面負責。」這句話告訴我們，過了四十歲以後，就要為自己的人生成敗負完全責任。

有一天，有位婦人就用憐憫的語氣對小威廉問說：「傻孩子，你為什麼每次都撿五分，不撿一角的？難道你不知道一角的幣值比五分的大嗎？」

小威廉慢條斯理地說：「我當然知道，不過，如果一開始，我就撿一角的硬幣，恐怕那些笑我笨的人，就不會笨到再繼續扔錢給我撿了。」

「你一點都不傻，而且還是一個精明無比的孩子！」婦人驚奇地對小威廉說道。

小威廉精明在什麼地方呢？他精明的地方就在於他故意讓別人以為他傻到分不清一角和五分哪一個大，如此一來，這些以為他真的傻的人，才會繼續扔錢讓他撿！

從Zero到Hero的致富Note

◎「面子」似乎成為東方社會做為人情社會的典型標誌，但很多「有錢人」在致富的過程中，都會暫時拋掉「面子」。

從上述小威廉的故事可以衍生出一個讓我們反思的問題，那就是我們到底是死要「面子」？還是要像小威廉一樣，犧牲了自己的「面子」，卻獲得了「裡子」？

其實，從「給面子」、「留面子」、「不看僧面看佛面」，有關面子的種種說法在一般的對話裏隨處可見。

但也有句話叫做「死要面子活受罪」，這句話是說有些人經常會做出超乎自己能力之外的事，只為了保住代表個人尊嚴的「面子」，甚至為了面子問題，不惜被人稱為「虛偽」。

那麼，「面子」到底是什麼？除去具體的生理意義，它是一種榮辱觀念的具體顯現，以及暗含了某種社會行為的潛規則，通常，我們會將一個人「愛面子」，解釋為這個人的自尊心或是虛榮心比較強，但這其實都僅僅是一些淺層的解釋而已，我們也許可以換個比較簡單的角度來看面子這個問題，就會發現「愛面子」的人，通常都比較自卑，因此，才會費盡心思地想用臉上那層比紙還要薄的「面子」來加以掩飾。

從Zero到Hero的致富Note

◎有錢的人和沒錢的人，對「面子」的追求和保持，明顯地有高尚純潔和低級庸俗之分。

另外，「面子」也是一種「尊嚴心理」的自我滿足，就像前述故事的小威廉，精明地利用了人們的這種想要獲得滿足的「尊嚴心理」，也就是表現得呆笨愚鈍，讓對方「覺得自己高人一等」的自尊得到滿足，進而獲得人們始料未及的意外財富。

人生努力組到人生勝利組的Tips

一、香港首富李嘉誠說：「當你放下面子賺錢的時候，說明你已經懂事了；當你用錢賺回面子的時候，說明你已經成功了；當你用面子可以賺錢的時候，說明你已經是人物了；當你還停留在那裡喝酒、吹牛，啥也不懂還裝懂，只愛所謂的面子的時候，說明你這輩子也就這樣了。」

二、只有丟掉面子，認清自己不足的地方，才有致富的機會。

致富Tips 35

你無法讓別人欠你「金錢債」，但至少可以讓別人欠你「人情債」

每個人想要在現實生活中生存下去，都要面對不同層次的社會關係，而在不同的情況下，表現出來的人情法則也並不相同，譬如對於幫助自己的親人往往出自真誠，而不會以求回報或是「做人情」為目的。

然而，絕大多數的人在面對同學、公司同事、一般朋友等諸多層面的社會關係，這時就不會像對待親人那樣不以「做人情」為出發點。

從Zero到Hero的致富Note

◎「要面子」深入到一般人潛意識中，久而久之，甚至形成了一種「面子文化」。

◎「面子文化」的特點是自我表揚的彰顯意識、程式化的自誇方式、不計成本的投入和迫不及待的行事節奏。

宋代二程(程顥、程頤)提出「存天理去人欲」的理欲觀，為了認識天理，二程宣揚禁欲主義，當有人問程頤，有孤獨的寡婦，家境貧困，無依無靠，可以再改嫁嗎？

程頤回答說：「只是後世怕寒餓死，故有是說，然而，餓死事小，失節事大。」

程頤認為，寡婦即使餓死，也不得失節，違反封建主義的天理，因為「失節」就會讓寡婦的夫家和娘家「失面子」……程頤的這句話充分暴露了封建禮教，吃人的本質。

從Zero到Hero的致富Note

◎在重視人情的東方社會裏，人們看重的「面子」，說穿了，其實是關注別人對自己的社會地位和聲望的評價。

其實，東方社會受到中國文化「好面子」的極大影響，大學士朱熹是繼孔子之後，在古代封建社會中，對眾人影響最深遠的唯心主義哲學家，朱熹哲學的最高範疇就是「理」，因此，他極力讚揚程頤的「餓死事小，失節事大」的說法，正是因為這是明天理，滅人欲最具體的說明，而這就是「面子文化」的病根。

按照這種「面子文化」做事，就好像演戲時，一切只為贏得一個頭彩，而不管後面是不是喝倒彩，因為頭彩有了，面子也就有了，就可藉此向別人邀功。至於，後面是不是因演得太差而收不了場，甚至是不是演砸了，就不是重點了。

從Zero到Hero的致富Note

◎東方傳統社會非常重視人情，這和西方社會強調人與人之間的契約有所不同。

「『人情』是指人與人進行社會交易時，可以用來饋贈給對方的一種資源。」黃光國教授曾說：「別人有急難，我們出手幫助，並不求回報，這便是『做人情』給對方，而對方接受了我的幫助，便是欠了我的人情，在『受人滴水之恩，須當湧泉相報』的社會裏，對方如果受了別人的恩惠，欠了別人的人情，就會時時想著要回報，這就構成了『人情法則』。」

從Zero到Hero的致富Note

◎要降低道德附加於人的「面子文化」，必須首先剝離「面子文化」對人的束縛。

人們做很多事不能一步到位，就是卡在面子問題，而且，經常為了保住面子，不惜做一個付出超過自己能力的「蠢蛋」。

不過這個時代，還是有人不要面子，大陸作家王朔一身傲氣，說過「我是流氓我怕誰」這種「自認流氓」的自嘲，把自己的格調都襯了出來，沒有自欺欺人，也不是一種墮落，而是一種自我的覺悟。

人生努力組到人生勝利組的Tips

一、為了擺脫面子問題，中國流行過一陣子厚黑學。其實，真正厚黑的人是不需要學習厚黑學，而文人、道德感太強的人想學厚黑，還得給一個「這是一門學問」的冠冕堂皇說法，因為，既然厚黑成為學問，學習者的面子上，也就說得過去了。

二、實際上，給厚黑者戴上一個堂皇的面具，仍不能叫厚黑，真正的厚黑是不需要面具、不需要包裝的。

致富Tips 36

你為何寧可當一個手上一有錢，就拚命花光的「月光族」

一個年輕人，常有機會坐高鐵、飛機到各處去旅行，在出發之前，他總是先在家裏下載一些可以充實自我本職學能的電子書和電子雜誌，到隨身攜帶的平板電腦，以便在每次的交通移動過程中研讀，他總是利用一般人容易浪費的零碎時間，來追求自己在學習上的進步。

然而，這樣做也讓他對於各門學問都有相當的認識，他對於歷史、文學、科學及其他各種重要的學問都瞭解很多。因此，你可以利用十分鐘時間，在隨身攜帶的智慧型手機上面，瀏覽一些電子書的內容，要永遠記住，在自修上下一分功夫，足以助你在事業上得一分上進。

從Zero到Hero的致富Note

◎我們大多數人的問題，就在一心希望在頃刻之間成就大事，但卻往往欲速則不達，其實，任何事情是要漸漸成就的。

◎一個人越能儲蓄則越易致富、越能求知，則越有知識，能多儲一分知識，就足以多豐富一分生命。

常常可以看見一些天分頗高的年輕人，一生只做一些平凡的事，他們從來沒有意識到自己的進步是一件重要的事，他們的眼中所看到的只是月初的薪水，以及領到薪水以後幾天中的快樂時間，他們白白浪費自己的天分，讓自己的一生總是在醉生夢死之中度過。

而許多志在成功者的早期，年薪很低工作卻很苦，但他們利用其閒暇的時間，自修自習以求上進，比起他們在白天的工作更為努力，在他們看來，薪水高低並不是最重要的事，追求知識、讓自己有所長進和進步才是真正的大事。

從Zero到Hero的致富Note

◎只要能夠知道一個人怎樣度過他的休息時間，怎樣消磨掉他漫長的假期，就可預言出那個人的前程怎樣？

一般年輕人大都不願意多讀書多思考，也不想在報紙、雜誌、書籍之中，盡量獲取各種寶貴知識，實在是非常可憐和可惜的。

他們不明白，自己所拋棄的東西在別人手裏可以讓生命成為無窮的無價之寶，他們更不能理解「一段一段的閒暇時間，可以換來種種寶貴知識」的道理，他們更加不知道這種零星的努力，細小的進益，日積月累的知識，可以給予我們能力，可以使自己在日後大有收益，進而擁有更充實、更豐滿、更精彩的人生，因此，才會不知輕重的拋棄這種可以讓自己上進的機會！

從Zero到Hero的致富Note

◎實際上，不論天資的高低，只要常有接觸書、使用書的機會，就一定能從書本中攝取豐富的致富知識。

我們經常可以看到本來足以領導人的人，因為沒有受過相當的教育與訓練就不得不降為領導於人了。

教育的實質之高，對於我們人生歷程的重要性，無過於今日。人們只能利用其一小部分的天賦才能，來從事事業，而不能盡其教育與訓練全部的天賦才能，所以他們在事業上一定要受很大的虧損，這就是我們無法當領導者的最大關鍵。

從Zero到Hero的致富Note

◎我們應該不斷地努力讀書自修，不斷地充實我們的知識寶庫，漸漸地增長我們致富的知識和常識。

有的人或許以為利用閒暇的時間來讀書總得不到多大的成績，因而不想在閒暇的時間讀書，這就像一個人因為自己錢賺的不多，以為即使盡量儲蓄也不能致富，所以手上一有錢就拚命花光，寧可當一個「月光族」也不屑儲蓄。但是，你沒看見有許多人，就是因為利用了零碎的閒暇時間，求得了與學校教育相等的學習效果，而這也告訴我們，成功的人永遠會利用一分一秒在學習，並不會去在乎自己能在這一分一秒能夠學到什麼對自己有用的知識。

人生努力組到人生勝利組的Tips

一、耶魯大學的校長海特萊曾經說：「各界的人，如商業界或產業界中人，都曾告訴我：他們最需要、最歡迎的大學生，就是那些有選擇書本能力及善用書本的人。而這種選擇書本與善用書本能力的最初養成，最好是在具備著各種書籍的家庭中。」

二、生活競爭日趨劇烈，生活情形日益複雜，所以你必須具有充分的學識，受充分的教育訓練以做為你獲得財富的後盾。

致富Tips 37

與其在價格上與對手爭執不休，還不如用其他利益使對手主動讓步

談判就是透過協商而爭取達到意見一致的行為和過程，這是一般人對談判的認識。

美國談判學會會長，著名律師傑勒德．I．尼爾倫伯格在《談判藝術》一書中所闡明的觀點更加明確，他說：「談判的定義，雖然很簡單，但涉及的範圍卻很廣泛，只要人們為了改變相互關係而交換觀點，只要人們是為了取得一致而磋商協議，他們就是在進行談判，而每一個要求滿足的願望和每一項尋求滿足的需要，至少都是誘發人們展開談判過程的潛因。」

從Zero到Hero的致富Note

◎談判者必須有廣博的知識和高超的談判技巧，不僅能在談判桌上因人而異，運用自如，而且要在談判前注意資料的準備、資訊的收集，使談判按預定的方案，順利的進行。

◎在商務談判中，談判者都比較注意談判所涉及的技術成本、效率和效益，所以，人們通

常以獲取經濟效益的好壞，來評價一項商務談判的成功與否。

不同表現反映了不同談判者有不同的價值觀和不同的思維方式。

因為，人們的價值觀、思維方式、行為方式、語言及風俗習慣各不相同，在實際談判過程中，有些談判對手，熱情洋溢，也有沉默寡言者；有些談判對手，果敢決斷，也有多疑多慮者；有些談判對手，善意合作，也有故意尋釁者；有些談判對手，謙謙君子，也有傲慢自大、盛氣凌人的自命不凡者。

從Zero到Hero的致富Note

◎談判通常是在個人之間進行的，他們或者是為了自己，或者是代表著有組織的團體。

談判的種類很多，有外交談判、政治談判、軍事談判、經濟談判……等等。

商務談判是經濟談判的一種，是指不同利益群體之間，以經濟利益為目的，就雙方的商務往來關係而進行的談判，一般包括：貨物買賣、工程承包、技術轉讓、融資談判等涉及群體或個人利益的經濟事務。

商務談判的最終目標，仍是以獲取經濟利益為基本目的，在滿足經濟利益的前提下，才涉及其他非經濟利益。

從Zero到Hero的致富Note

◎在相互交易中，應根據雙方的需要和要求，按照公平合理的價格，使雙方都有利可得。

雖然，在商務談判過程中，談判者可以調動和運用各種因素，但各種非經濟利益的因素，也會影響談判的結果。

因此，在談判中，要堅持平等互利的原則，既不強加於人，也不接受不平等條件，對某些人利用壟斷地位抬價和壓價，必須據理力爭。然而，在進行談判時，只要對方有誠意，就要一視同仁，既不可強人所難，也不能接受對方無理的要求。

從Zero到Hero的致富Note

◎可以把談判看做人類行為的一個組成部分，人類的談判史和人類的文明史同樣長久。

商務談判涉及的因素很多，談判者的需求和利益表現在眾多方面，但價值則幾乎是所有商務談判的核心內容。

談判中，我們一方面要以價格為中心，堅持自己的利益，另一方面又不能僅僅侷限於價格，設法從其他利益因素上爭取應得的利益。

要知道，與其在價格上與對手爭執不休，還不如在其他利益因素上使對方在不知不覺中讓步。

談判雙方在其他利益上的得與失，在很多情況下或多或少都可以折算為一定的價格，並透過價格升降而得到雙方想要得到的利益。

人生努力組到人生勝利組的Tips

一、你窮的時候，你擁有了時間、意志、自信、能力……當你擁有了財富，那麼談判就可以幫助你攀登財富高峰，讓你的財富可以穩定的，並不斷的增長。

二、銷售的過程也是談判的過程，談判如果順利，銷售也會順利，在談判中，應該執行「合作式談判戰略」，如此才能雙贏！

致富Tips 38
不能意氣用事，才不會因為一時氣憤，做出無法挽回的錯事

一個每一塊錢都是用血汗換來的人，會在不經意間讓自己辛苦所賺的錢從自己的手中流失掉，而且是流到那種最不可靠的投資項目上。

這些人會「莫名其妙」的將自己的錢，送給相隔千百里而自己根本見都沒見過，其行為品德價值觀都毫不熟悉的人，只因這些奸詐狡滑的人告訴他們，自己有辦法幫他們投資賺到大錢。

這些隨意把錢拿給別人的人，會做出在外人看來如此不可思議的事情，都是因為他們個性衝動、思慮不周，結果被騙子耍得團團轉。

從Zero到Hero的致富Note

◎一個人的失態往往是在感情衝動的情況下發生的，嚴重者會失去自控能力，這些都是在社交場合，應竭力避免的。

◎假使每個人，都能受一種健全完備的處世訓練，提高自己控制情緒的本領，那麼許多陰險奸詐的騙子，就會因為沒有地方可以施展伎倆，而不能生存。

在社交場合，要壓制自身衝動的個性，不能意氣用事，才不會因為一時氣憤而做出無法挽回的錯事，要學會控制自己的感情，正確對待逆耳之言，才能不失風度，應對得體，尊重對方也尊重自己，有時候正確的社交，不只要求我們做到這些，還要做到更多。

許多學識豐富的年輕男女，在父母突然去世，所有的家產要由他繼承的時候，總是不知道要如何處理；許多女人，在丈夫突然去世，留下公司要讓她處理時，總是不知如何因應。

這時候，上述的這些人往往會一時衝動將所繼承的全部資產，丟到律師或會計師的手中，請他們代為處理，一旦所託非人，這些人的資產就會被玩弄在股掌之中。

從Zero到Hero的致富Note

◎避免情感衝動，我們就能夠管理金錢、儲蓄金錢，這些事情對一個熟悉世故人情、深諳商業知識的人，都不算是容易的事，但只要努力訓練自己，必定能有所進步。

而當別人看不下你犯錯，出聲勸導時，此時逆耳之言對你來說，在某種意義上，正是考驗你做人態度和處世修養的時候。

當然，如果你能做到安之若泰是最好的了，但是，事實上逆耳之言會在你的內心激起強烈的反應，這種反應又會表現在臉部表情上，雖說這種內心和外表的變化都是正常的，但是容易衝動的人，會讓自己的臉部扭曲的表情，不經意地洩漏自己對逆耳之言的不悅。

因此，應該把我們對逆耳之言不屑的表情變化，控制在一定的情理範圍之內，如果超出這個範圍，就是表現失常，或者說就是失態了。

從Zero到Hero的致富Note

◎我們要學會認清跟自己交往的人的真面目，不然會讓自己上當受騙。

建立相互信任很難，破壞這種信任則很容易，而一旦要重新建立就更難了。

因此，當我們聽到逆耳之言時，必須冷靜的多想想對方的話是否有根據，然後採取一種得體的方式作答，切勿感情用事，因為，感情一衝動、一失態，緊接而來的就是失言，失言只能引起激烈的爭論，使矛盾升級，這樣不僅很容易傷害對方的感情，同時也會破壞好不容易建立起來的信任。

從Zero到Hero的致富Note

◎在人為地造成尷尬的局面時，應以一種相互諒解和理解的方式進行溝通。

當你在毫無準備的情況下，突然聽到逆耳之言的時候，該如何應對？當你的談話受到無理的頂撞，該如何做出處理？當你的好意受到誤解，你該怎樣解釋？

如果我們想在社交場合中，建立良好的人際關係，必須針對以上這些問題，先做好一些因應的對策。

人生努力組到人生勝利組的Tips

一、平心而論，對你提出意見和看法的人，本身就是對你的一種尊重，你應該對他表示感謝。

二、有些人對你有某些誤解，你可以透過努力去改變和消除，如此才顯得大度，不失禮於人。

致富Tips 39

「社交」是學校沒教，但卻是在這個社會想要賺到錢的重要技能

近來坊間一些人際關係的書籍，提到「社交恐懼症」這個名詞，什麼叫做「社交恐懼症」？簡單說就是許多性格內向的人，尤其是年輕女性，會在人際交往中感到惶恐不安，並出現臉紅、出汗、心跳加快、說話結巴和手足無措……等等的對社交場合恐懼的心理障礙，而這種心理障礙就是所謂的「社交恐懼症」。

從Zero到Hero的致富Note

◎有社交恐懼症的人，通常面對陌生人都容易感覺到羞怯、害怕。有時你的羞怯不完全是由於過分緊張，而是由於你的知識領域過於狹窄，或對當前發生的事情，知道的太少的緣故。

◎假若你能經常讀些課外書籍、報刊雜誌，你就會發現，在社交場合你可以毫無困難地表

達你的意見，這將會有利於幫助你樹立自信，克服羞怯。

通常，一般人能夠輕而易舉做到的事，「社交恐懼症」患者卻很難做到，而且，他們會覺得自己是個乏味的人，並認為別人也會覺得自己是一個無趣的人。

於是，「社交恐懼症」的患者就會變得對於任何事，尤其是關於面子的事，過於敏感，因此，不願意跟人接觸，甚至還會感到焦慮和抑鬱，從而使得社交恐懼的症狀進一步惡化。

許多「社交恐懼症」的患者，為了適應自己的這種症狀，只好改變自己的生活型態，譬如不得不錯過許多跟家人聚會的活動，以及盡量不去逛商場買東西，又比如不能建立正常的兩性關係，不能帶孩子去公園玩，甚至為了避免和人打交道，不得不放棄很好的工作機會。

從Zero到Hero的致富Note

◎在沒有使自己的兒女熟悉一般的社交原理以前，就把他們送入茫茫人海中，是禍害兒女的一種舉動。

社會上有許多出賣勞力、辛苦工作、省吃儉用，想存一些錢以備將來之用的「老實人」，往往因為不懂得如何跟人交際，甚至對社交充滿恐懼，因而，成為一些居心不良的人的眼中肥羊，也就是這些居心不良的人，總是會利用那些恐懼社交的人的弱點，騙取他們的金錢。

然而，專門騙取那些恐懼社交的人的金錢來生存的人，他們知道，一種誇張的廣告，一種動人的說詞，可以讓那些忠厚老實的人，主動地將自己辛苦賺來的錢，裝進他們的口袋。

因此，一種健全而完備的社會知識訓練，可以使自己避免成為歹徒詐騙的對象，以及保護你辛辛苦苦得來的財產。

從Zero到Hero的致富Note

◎要知道，害羞使人呼吸急促，因此，要強迫自己做數次深長而有節奏的呼吸，這可以使緊張心情得以緩解，為建立自信心打下基礎。

在這個人際關係掛帥的群體社會裏，我們必須學會如何社交，因為，一些「社交恐懼症」的患者，由於缺乏社交能力、人際知識的緣故，到了中年以後，仍沒有多少儲蓄來改善自己的生活，到了老年，不但不能建立一個沒有後顧之憂的家庭，甚至沒有多餘的儲蓄，足以做為退休養老的本錢。

從Zero到Hero的致富Note

◎有「社交恐懼症」的人與別人在一起時，不論是正式與非正式的聚會，開始時不妨手裏握住一樣東西，比如一本書，一塊手帕或其他小東西，因為手裏握著東西，對於害羞的人來說，會感到舒服，而且有一種安全感。

其實，還是有一些「緩解社交恐懼症」的方法；比如將兩腳平穩地站立，然後輕輕地把腳跟提起，堅持幾秒鐘後放下，每次反覆做三十下，每天做二、三次，可以消除心神不定和克服羞怯的感覺。

或是，學會毫無畏懼，專心地看著別人，剛開始這樣做，或許會比較困難，但對於一位害羞的人，非學不可。

如果你患有「社交恐懼症」，或許，可以這樣捫心自問，自己總是迴避別人的視線，老是盯著地上或遠處的牆角，不是顯得很自卑和幼稚嗎？難道自己和對方不是處在同等的地位嗎？自己是不是應該拿出勇氣，大膽而自信地看著別人……

人生努力組到人生勝利組的Tips

一、我們看見年輕人從學校畢業出來時，滿腦子都是各種學說、理想，然而，獨缺少了一種社交的技能，而這也是學校沒教，但卻是在這個社會非常重要的生存技能。

二、如果不懂得社交以及人際關係的連結與培養，甚至有社交障礙的人，就不該稱呼自己是個「社會人」。

（輯七：）

可以先在小問題做出讓步，誘使對方在重要問題讓步

在談判桌上，適時的讓步也是需要策略的，
畢竟商談是關係到自身利益的重大問題，
因此，在談判中如果不得不做出讓步，
可以先在較小的問題上做出讓步，
讓對方在重要問題上讓步。
另外，在讓步時，
盡量保持自己得到盡可能多的利益，
讓對方不會小看自己。

致富Tips 40

沒有人會願意和喜歡開「空頭支票」的人做生意

一般來說，一個人的情緒，在談判中扮演著非常重要的角色。因為，只要我們能夠細心觀察一個人的情緒，就可以傳達很多訊息給我們，譬如眼淚，是為了乞求別人的同情與憐憫；冷漠，是向人們表明自己的無動於衷；憤怒，有時候只是用來轉移焦點；恐懼，則是想藉此拉近別人跟自己的距離。

從Zero到Hero的致富Note

◎一個知識面寬廣、閱歷豐富的成功者，知道「言多必失」的道理，因此在談判時，絕對不會說太多的話。

◎該說的話一定要說，而且每一句話都有舉足輕重的份量；不該說的話絕不開口，而且也要學會掩飾，學會巧妙的轉移話題。

一般人對於正式的簽字或協議，往往會採取嚴肅認真的態度，竭盡全力來兌現。然而，對於某種情緒化的口頭承諾，人們的態度就沒有正式簽字或協議那麼認真了，殊不見，有些人在人際交往中，每每輕率承諾，事後又不盡力兌現，以至造成不良後果。

然而，「口頭承諾」絕對不能當兒戲，因為，口頭承諾雖然沒有字據為憑，但它卻是以你的人格做擔保，因此，如果把口頭承諾當成一般的應酬、或是發洩情感的空談，當做用好聽的話來取悅於人，其實，是一種大錯特錯的想法，因為，不準備兌現的輕率承諾，跟騙子的謊言沒什麼兩樣，而且一旦食言，會讓你的信用面臨破產的危機。

從Zero到Hero的致富Note

◎有的人說話時，習慣大吼大叫，喜歡壓制別人。但是，當一個人在和別人談判時，不能如此，因為談判需要良好氣氛，大吼大叫很容易使談判雙方搞得很緊張，不利於談判成功，更何況有理並不在聲高，大吼大叫只會引起別人的反感。

一七九三年三月，拿破崙和他的新婚妻子參觀了盧森堡的一所學校，受到校方的熱情款待，深受感動的拿破崙當場向校長送了一束玫瑰花，並說：「只要我們的法蘭西國家存在一天，每年的今天，我都將派人送給貴校一束價值相等的玫瑰花。」

然而，拿破崙可能在事後忙著東征西討，一直沒能兌現自己的諾言。兩百年後，盧森堡政府重提舊事，向法國政府提出索賠，所要的利息高達一百四十萬法郎。

法國政府為了挽回拿破崙的聲譽，只好發了委婉的道歉書，才算了結了這樁「千金一諾」的案子，而拿破崙送玫瑰花的這個案例，告訴我們千萬不能向別人輕率地許諾。

從Zero到Hero的致富Note

◎如果，人家一說到你不樂意聽的地方，你就打斷他的話，堵住他的嘴，是一種無禮的行為，這種行為只能引起對方對你的反感，絕無益處。

在談判場上，最忌諱的就是為了達成目的，亂開「空頭支票」，要知道，在商務談判中，信守承諾是贏得信譽的起碼準則。

雖然，兌現承諾並不容易，難免都會遇到承諾難以兌現的情況，但是，只要及時向對方說明情況，取得對方的諒解，就不會影響雙方的關係，以及後續的談判結果。

從Zero到Hero的致富Note

◎當別人發表意見時，你要耐心地聽，聽到的越多，你所得到的資訊也就越多，輪到你發言時，你才不會無的放矢。

◎如果你掌握了「不懂傾聽」的談判大忌，且能巧妙避開的話，就有希望成為出色的談判者。

任何承諾都是嚴肅的，它是人品的試金石，如果隨意信口開河地把它當成口頭禪，豈不是拿自己的人格開玩笑？

而且這種輕易許諾的「空頭支票」開得越多，自己在別人眼中的人格價值就越低，時間久了，也就沒有人會和你這樣的人做生意。

人生努力組到人生勝利組的Tips

一、有些談判者習慣在談話時，只盯著對方曾經的錯誤，狠狠地攻擊對方，即期望藉著削弱對方的銳氣以贏得優勢。

二、俗話說的好：「揭人不揭短。」因此，「揭短」的這種做法是極其愚蠢的行為，只會遭到對方的反擊，讓雙方的談話很可能演變成一場惡性的爭吵，不會獲得交流的任何進展。

致富Tips 41

「你沒有想到的，他們都已經做到了」，這是日本人生意成功的秘訣

隨著社會不斷地進步，粗魯的人會越來越不受歡迎，在談判過程中，人們對那些滿面春風的人充滿好感，對客人以笑臉相迎，已經成了所有想在生意上賺到錢的人的普遍習慣，也是致富的普世價值。

從Zero到Hero的致富Note

◎當自己處於談判位置中，希望對方購買的那一方，就應該要盡量體諒對方的情況，使對方能解除壓力，進而從跟你的交際中獲得可信任感。

有一位公務員走在路上，有輛客貨兩用車停了過來，問他說：「進口西裝，只要兩、三折，要不要買？」

公務員心想，哪有這樣好的事，正打算轉頭繞過車子，可是對方卻面帶笑容地走下車，小聲對他說：「我們是貨運公司，送貨的時候不小心弄髒了幾套西裝的袖口，百貨公司不收，又不敢送回公司，您能不能行行好，就算幫我們一個忙。」

公務員信以為真，以一套一千五百元成交。

公務員將西裝帶回家在燈光下仔細一看，才發現是粗製濫造的地攤貨，對對方的詐騙行為憤憤不平。然而，如果不是他貪小便宜，怎麼會如此容易上當呢？

從Zero到Hero的致富Note

◎很多人在談判中，都想瞭解對方某一方面的情況，希望從對方那裡得到對談判有利的資訊，然而，使用的方法必須一點一點的挖，不能表現地過於明顯。

不可否認，有許多商人打著情感幌子的圈套和騙局，因此，談判人員必須具備對情感誘騙的抵抗力。

譬如，有些商人很重視宴會酒席上的談判，他們往往利用宴席上，跟對方「搏感情」的友好氣氛為圈套，使對方放鬆心防，然後，在「友好」的氣氛中，直接了當的提出要求，而對方在昏了頭的情況下，往往會爽快的答應。

殊不見，有一些人在酒席宴上，幾杯黃湯下肚，就不知東南西北，對方說什麼就同意什麼……因此，一個成功的談判者必須具備的是：需要時時有著一雙警戒的眼睛和一顆敏銳的頭腦。

從Zero到Hero的致富Note

◎在談判之前，接待客戶和引導客戶參觀，也有很多值得注意的問題，帶客戶進廠參觀，最好走在參觀者的左前方，便於引導、介紹，避免使參觀者感到無所適從，不知如何走才好。

談生意，不能光算感情帳，不算經濟帳，在整個談判期間，談判人員要保持清醒的頭腦和慎重的言行，隨時防範對方的「人情陷阱」，特別在商務談判中，千萬不要忽視細節，因為，細節才能表現出你的能力和水準。

另外，不要因為礙於情面而在談判中讓步，而且，必須保持旺盛的精力，盡量避免喝酒或少喝酒，以及委婉辭謝跟談判無關的觀光遊玩……等等的邀請。

從Zero到Hero的致富Note

◎讓人厭煩，無法引起別人跟你溝通的慾望，確實是很多談判失敗的原因之一。

「你沒有想到的，他們想到了，你想到了的，他們都已經做到了。」，其實，「什麼都想到了」是日本人生意成功的秘訣之一。

「禮節周全」是日本人進行商務交際的特點之一，所到之處無不使你感到自己如同上帝一樣受到尊敬，但是如果你想跟日本人做生意，只有一次機會，因為在日本，沒有人會給你第二次機會，也就是在日本人的字典，沒有「重來」這兩個字。

所以當你準備去跟日本的公司談判，必須在事前做好萬全的準備，否則，即使你在談判中握有多少對自己有利的籌碼，也無法在談判中獲得實質的進展。

人生努力組到人生勝利組的Tips

一、接待談判的客戶，別把活動安排的滿滿的，讓對方連喘息的時間都沒有。

二、客戶抵達之後，最好不要給人家有「逼」的感覺，除了儘快安排休息之外，可以隨意安排一點輕鬆休閒的活動，到第二天才正式進行談判的相關行程。

致富Tips 42

跟對方簽定合作契約時，別被對方的慷慨讓步沖昏了頭

通常在談判過程中，遇到對方講出冒犯自己的言語時，有些人經常會感情用事的做出某種情緒上的反應，而當他們冷靜思考時，卻為時已晚，真正能夠達成協議的最好時機已經過去，再也無法挽回了。

因此，許多人常因失去冷靜，讓自己在談判中付出了昂貴的代價。

從Zero到Hero的致富Note

◎談判碰到困難時，每一個人的反應各不相同，而其中最令人不敢苟同的，則是鬧情緒、發脾氣。

◎如果你被他人激怒，談判將會淪為一場爭吵。當談判氣氛變的過於激動時，雙方往往會不能清楚的思考問題，甚至會歪曲事實。所以，處理情感爆發的最好辦法，就是讓自己

保持冷靜。

有位會計師到一家汽車銷售公司，準備買一輛汽車。談判進行到最後階段，汽車公司的業務經理用電腦合計總價，故意漏掉五萬元。那位會計師一眼就發現了這個錯誤，且心中竊喜。

從這一刻，那位會計師掉進了業務經理設計的陷阱，因為他擔心業務經理重新核對價目時發現錯誤，以至於不能專心一意地進行談判，只想以這個漏算五萬元的價錢趕快成交，因此，也就沒有再跟業務經理進行原本要做的殺價動作。

交易談妥後，那位業務經理將車款的帳單送給公司的總經理過目，總經理用目光瀏覽了一下帳目表，挑出了漏掉五萬元的錯誤。

業務經理非常歉意的把這個錯誤告訴會計師，經過一番爭執，會計師不得不同意在計算好的總價上加五萬元，因為議好的價格是固定的，而計算錯的，還可以更正。

從Zero到Hero的致富Note

◎情感像一個可變焦鏡頭，焦點總是聚集在那些可能被忽視的詞句或觀點之上。

那位業務經理之所以有意在價格上漏掉五萬元，是因為他知道對方是一位精打細算的會計師，對於一個會計師來說，一定可以輕易地看到自己漏算的這個錯誤。如果這個會計師不貪小便宜的話，當場提出這個錯誤，那位業務經理的陷阱計畫就無法實施，如果沒有及時提出，說明這位會計師有佔小便宜的習慣，這樣貪小便宜的人，非常容易就會掉進對方設計的陷阱。

從Zero到Hero的致富Note

◎如果一碰到困難，便表現出令人產生反感的反應時，談判則必然陷入僵局。

在談判過程中，當對方開出非常誘人的條件，你必須仔細地研讀契約上面的每一條條文，因為也許等你簽約後，準備付款時，對方才告訴你，你還得增加付款金額。如果你反問對方為什麼，對方會拿出契約，然後跟你說，依據契約中那一條條文的但書，必須增加付款金額。這時候你才恍然發現，原來你在簽約時，被對方的慷慨讓步沖昏了頭，根本沒注意到那條契約條文後面，有幾個字體很小的但書。

從Zero到Hero的致富Note

◎應該讓談判建立在一種事實，而不是各自的感受基礎上，以保證談判重點集中於所討論的問題上。

古希臘時期的亞里士多德，對情感與扭曲曾做過精闢的論述：「在強烈的感情驅使下，我們易於受之矇騙。被恐懼籠罩的懦夫和陷入情網的情人會產生幻覺，由於一點微不足道的相似，懦夫會看到他的敵人，而情人看到的則是其愛侶。」

的確，一個人容易被感情所左右，越容易產生幻覺，同樣，每個人在盛怒之下或被任何一種強烈渴望所制服時，越容易被欺騙。

因此，在談判過程中，必須讓自己保持冷靜和理性，千萬不要被自己的感情所左右，因而影響了談判結果。

人生努力組到人生勝利組的Tips

一、把自己的情感加諸於他人身上，他害怕時，便認為其他人也感到害怕；他憤怒時，便感覺別人也似乎非常憤怒；他悲哀時，便覺得別人也顯得悲哀。

二、為了讓談判能順利的進行，雙方都必須表現出積極的態度和誠意，共同致力於問題的解決上。

致富Tips 43

在商業談判中，哪一方先做大的讓步，哪一方便註定將落敗

在商業談判時，最無情的對手往往是最厲害的對手，在原則的問題上，絕對不能給對方半點可乘之機，甚至在攸關談判成敗的關鍵時刻，連半步都不能讓步，否則，你在整個談判所做的一切努力，就會功虧一簣。

從Zero到Hero的致富Note

◎別有用心的對手常會藉與你談判之機，誘使你披露情報，而他並不一定想與你做實際的交易。

◎切記！除非你確信對方只與你一家進行實質性接觸，否則，絕不提供任何有價值的資料與情報給對方。

即使是老練的談判專家，有時候在談判落於劣勢時，也不得不做出大的讓步。不過，在「以退為進」的原則下，在讓步之前，應提出某個「交換條件」，告訴對方「我知道了，關於這一點，我可以做一點讓步；不過，我希望你也能……」

也就是說，當你在迫不得已的情況下，而不得不做讓步時，最重要的是應先向對方詳細說明之所以讓步的理由，讓對方瞭解你並不是因為立場不穩，或是所提出的主張不夠正當，才做出讓步的。

然而，在這種不得不讓步的極為不利的情勢下，如果可以做到繼續保住談判的主導權，有技巧地告訴對方，讓步並非單方的，而是談判雙方「各讓一步」，就可以達到「以退為進」的目的。

從Zero到Hero的致富Note

◎當你和對方的談判中，對方如果常含糊其詞，不講實質性內容，要嘛是別有用心，要嘛就是無權決定，對於這種人，一定要小心謹慎地應對。

商務談判中，有些人在陳述情況時，有時會故意隱瞞真實情況，編造一些虛假的事實，目的是想套出他想要知道的商業訊息。

其實，會使用這種伎倆的人，往往是想套出你的底價，然後，再用你不小心說出的底價，去向其他客戶殺價，從而尋找他認為最理想的客戶來進行交易。

從Zero到Hero的致富Note

◎要學會察言觀色，如此一來，才能及時發現對手出現的前言不搭後語，甚至自相矛盾的情況。

談判對方經常會先派出沒有實權的人與你洽商，當你與對方協商基本談妥，準備簽署協議時，對方的所謂實權人物就會出面，提出再重新商議的要求，否定了原本雙方已議好的主要條款。

由於，你已經花費了許多時間精力，不願看到交易功虧一簣，只好妥協，以求簽署協定，對方這種不道德做法，也是屬於故意欺騙。

然而，在遇到上述情況時，可以在進入實質性條款洽商中，迂迴試探對方的授權底線，譬如，你可以直接詢問對方：「在這個問題上，他獲得多少授權？」若對方回答含糊，你可以要求直接與對方有決定權的人談判，以破除對方在談判中的這種欺騙手法。

從Zero到Hero的致富Note

◎一定要注意對方在談判中，使用故意欺騙的伎倆，商談的重要內容一定要一絲不苟，嚴肅認真。

在談判過程中，對方往往提供一大堆有名無實的資料，讓你在其中尋找，有些時候出於某種需要，並沒有講出全部情況或全部真相，但隱瞞的同時，也沒有完全編出虛假的情況，偶爾也會提出一些真實資料，來取得你的信任。

但他們提供的往往是過時的價格標準、不符合實際的數據，或是誇大的產品品質性能、失效的技術專利等，最後的目的就是引誘你做出讓步。

不管你站在多麼有利的立場，也不管對方的意見如何合理，如果你做了讓步，將使對方對自己更具信心，在接下去的談判中，你就難有「翻身」的餘地了。

人生努力組到人生勝利組的Tips

一、有的談判者會在談判後，擅自改動協議書內容。因此，你必須仔細審查協議書責任條款的表達是否完整和清楚，措詞是否嚴謹，避免可能出現的漏洞與疏忽，減少對方的可乘之機。

二、談判之前，你必須掌握足以支持和證實你的主張憑據，藉此鎖住對方所帶來的反駁資料，使對方完全沒有逼使你讓步的機會。

致富Tips 44

可以先在小問題做出讓步，誘使對方在重要問題讓步

在談判過程中，你必須用始終充滿自信的說話態度來使用迂迴的說話方法，這是談判雙方在某個問題上爭執不下時，可以出奇制勝的成功因素。

在談判中使用迂迴方式，除了要持之有據，言之有理，另外，在迂迴中所提及的理由，一定要是對方沒有考慮過的，或至少是考慮得不完全的。這樣，迂迴所說出來的話，才會讓對方措手不及，才會引起對方的注意，以及讓對方心服口服。

從Zero到Hero的致富Note

◎在商品貿易洽談中，談判雙方展開了價格戰，因為競爭對手很多，於是買賣雙方都甘冒虧本的危險，競相壓低價格，企圖達成協定，以搞垮競爭對手，而這是一種眼光淺短的做法，既不利人也不利己。

在談判桌上，適時的讓步也是需要策略的，畢竟商談是關係到自身利益的重大問題，有的時候，為了爭取長遠利益的需要，適時讓步，譬如表面上看起來商談者，好似違背了自己的需要，但其實這是拋棄某些眼前無關緊要的利益與需要，而採取的一種談判策略。

然而，在談判中如果不得不做出讓步，可以先在較小的問題上做出讓步，讓對方在重要問題上讓步。另外，在讓步時，盡量保持自己得到盡可能多的利益，讓對方不會小看自己。

從Zero到Hero的致富Note

◎在雙方有利可圖的交際和交易上，如果彼此都能理解對方的要求，尊重對方的利益，友誼會隨著生意活動，日益增加。

在實際商談中，偏離主題也是一種策略，這樣做是為了在小的問題上讓步，而讓對方在無形中做出更大犧牲，比如，我方知道對方最注重的是價格，而我方最關心的是交貨時間，那麼我們可以把重點鎖定在支付條件問題。這樣就可以把對方的注意力轉移到次要的問題上，以實現我們最終要達到的目標。

另外，還可以用轉移對方視線的障眼法來進行談判，比如，你關心的是交通運輸問題，而對方的興趣可能在產品的價格上，這時你可以盡量把雙方的議題引到其他方面，例如用什麼方式付款的問題上，來轉移對方對前述兩個關鍵問題的注意力。

從Zero到Hero的致富Note

◎生意活動的特殊優惠和優先原則，是朋友之間牢固關係的展現，所謂「肥水不流外人田」，在商場上同樣適用，好朋友必然有更多的利益分享機會。

避開對方正常的心理期待，從一個他以為不太可能的地方進行突擊，這是談判高手在談判的關鍵時刻，經常會使用的「出其不意」談判手法。

然而，在談判中使用「出其不意」的策略要謹慎，因為這樣做，雖然可以讓對方的思維、判斷脫離原本預定的思考邏輯，等到對方的思考逐漸適應你的思維邏輯，再轉而實施正面突擊，讓談判出現轉機。

但是，這麼做常常會造成不友好的氣氛，使對方陷入尷尬的境地，而損害雙方良好的人際關係。所以，除非十分必要，一般情況下不要輕易使用「出其不意」這個策略。

從Zero到Hero的致富Note

◎有時候，讓步也是一種談判策略，因為在談判中，小的讓步往往能在滿足對方心理的同時，讓對方放鬆心防，進而空出讓你可取得重大突破的空隙。

談判時，遇到緊急情況，應盡力以新的話題引申出來新的內容，來打破對立的僵局，甚至在必要時，可以適時的用讓步來轉移，千萬別拘泥執著，將場面搞得僵持不下，最後導致談判失敗的窘境。

最後，要再來談一下談判中讓步必須注意的事項，在談判過程中，做出讓步時，要有坦誠的動機，同時對於談判的另一方，也要善察讓步的動機所在，而且重點在於一次一次慢慢讓步，每次讓步都要盡可能導致對方也做出相對的讓步。

人生努力組到人生勝利組的Tips

一、要明白欲擒故縱的道理，明明自己本來就要讓步，但讓步時，必須讓對方感覺在爭取到你的每一次讓步中，都付出艱辛的努力。

二、如果談判者為了達到某種特定的預期目的，完全不顧對方的需要與利益，其實是一種「自殺式」的談判方法。

致富Tips 45

讓步的訣竅就在於把讓步的範圍分成若干部份，一份一份拋出

「好的讓步」能讓對方感受到你的誠意，以及感到你的難處，因而領你的情，為最後促使對方可以做出更大的讓步，預設伏筆。

因此，在最終簽下合約前，我們都必須為是否讓步、如何讓步而深思熟慮。

從Zero到Hero的致富Note

◎大家和氣就好，正所謂放長線釣大魚，但是對自己讓步的次數和幅度要做到心中有數，不可以盲目的一再退讓。

◎在談判結束時，不妨說一些諸如對方多麼精明、多麼厲害、寸步不讓等等的讚美話語，因為小小的誇獎，可以為下一次的生意打好基礎。

當你遇到經營上的困難時，就必須選擇跟對方協商的方式來度過難關，進而達成自己想要完成的目標，美國的船王路維格在成功之前，就是一個善於協商的高手。

起初，路維格根本沒有什麼錢，但當他看到運油比運貨更有利可圖，立即決定借錢買下一艘貨船來改成油輪。

但該到哪裡借這一筆不算小數目的錢呢？路維格想到了貸款，於是，他到紐約找了幾家銀行談借貸的事情，銀行行員看他穿得一身破爛的衣服，就問他有什麼可做抵押？

路維格承認他並沒有東西可抵押，但他向銀行負責貸款的主管說，自己可以先買一艘老油輪，租給一家石油公司，這樣租金剛好夠他每個月必須還的貸款，然後，他可以把租契交給銀行，由銀行去跟那家石油公司收租金，這樣就等於分期還款！

這種做法聽起來有些荒唐，許多銀行不願意接受他的提議，但由於那家跟他租油輪的石油公司的信用可靠，於是，有一家大通銀行答應了他的貸款。

從Zero到Hero的致富Note

◎讓步也是有目的性，不能一遇對方提出不利你的意見時，就用讓步來滿足對方。

路維格於是就用貸款買下了舊貨輪，改成油輪，租了出去。然後，他用相同的方法，再借來另一筆貸款，又買了另一艘船。

幾年後，每當一筆貸款還清之後，路維格就成了某條船的主人，租金不再被銀行拿去，而是進入他自己的口袋，因此，也就讓他成為了美國的船王。

路維格正是因為跟銀行成功的協商，可以無限制的利用「信用資源」，讓自己白手起家，最終走向財富的頂峰。

但這種「信用資源」如果應用不善，就會像中國鄭州亞細亞集團一樣，盲目的擴張，結果造成了六億多元的負債，這些負債最終壓垮了亞細亞集團。

從Zero到Hero的致富Note

◎談判初期的讓步，一般不會太大，只是相互調節、增加氣氛、緩和矛盾而已。

談判，其實就是一個雙方協商讓步的過程，就如同路維格為了借款去買船，銀行也放下標準，同意路維格用租金來償還貸款一樣。

商務談判中，向對方讓步是經常出現的，而讓步的訣竅就在於把讓步的範圍分成若干部份，一份一份拋出。在最初的讓步時，就要讓對方感興趣，有所期望，在談判的初期定下一個好氣氛，定一個基調，但當談判進行到一定的程度時，最好是平均讓步。

如果你能讓對方覺得每一次得到讓步，都是你迫不得已的，對方就會想到「投桃報李」。注意，讓步的幅度要越來越小，讓對方感覺到你的底線就快要到了，當然這是個虛設的底牌，只是想讓對方知道你的讓步是有限的，再做讓步是不可能的。

從Zero到Hero的致富Note

◎在細小的問題上可先做讓步，顯示自己的大度，給對方造成主動熱情，能照顧對方的感覺。

在重大問題上讓步一定要謹慎，認真分析當時的情況，態度強硬，據理力爭，不該讓步時一定不讓。但當你決定背水一戰時，就必須進行原則性讓步，所謂原則性讓步，就是在做出讓步時，不能失掉自己的原則。

不管你怎麼做，最終的結果只有一個，那就是你要在談判中成功，然後，在雙方有誠意的基礎上促成生意，皆大歡喜。

人生努力組到人生勝利組的Tips

一、雙方都想把對方拉向自己所期望的目標，但是實際上雙方又必須向對方或多或少做出讓步，談判就是這樣一步一步進行著。

二、談判時，盡量不要讓對方知道你的底牌，讓他明白自己的所得，來之不易，而且，你也是在自己的權利範圍內，讓他能得到最大利益。

（輯八：）

「有錢人」與「沒錢人」的距離，有時候只因為「一句話」

現在社會，一個人的口才，佔了很大的作用，
有時你的失敗，只因為說錯了那麼「一句話」，
然而，擁有好的口才，可以事半功倍，透過好的口才，
可以使你獲得好的工作，好的談判效果。
換言之，好的口才是你通向財富頂峰的翅膀。

致富Tips 46

你可以給對方幾種選擇，將問題從做不做，導向該如何做

通常在談判時，如果想讓對方按照自己的想法進行，千萬不能直接就掀開自己的底牌，因為，如果你一下子就將自己的底牌掀開，對方絕對不可能會順從你的想法。

而是必須在談判過程中，給對方幾種可以接受的選擇，然後有技巧地將問題從做不做，導向該如何做？順勢佈下陷阱，讓對方不管做出哪種選擇，都會跳到你設計的陷阱裏。

從Zero到Hero的致富Note

◎其實，有很簡單就達成目標的談判方式；比如說提出某個含糊不清而又不太重要的問題加以討論，或是將一個本來很簡單的問題複雜化。

◎故意提供一些詳細而又瑣碎的資料，使之成為對方負擔，也可以達到很好的效果，這就像在戰爭中，讓敵人有限的兵力分布到盡可能長的戰線上，對己方在戰爭獲得勝利很有

幫助。

有一天，一對夫妻到餐廳吃飯，快吃完的時候，有位服務生走過來向他們問說：「飯後，我們備有西瓜和牛奶兩種點心，兩位需要哪一種？」

丈夫不加思索地答道：「就來兩份西瓜吧！」

服務生走了之後，這個丈夫心想，他跟妻子剛吃完飯，肚子已撐得飽飽的，根本就吃不下任何東西，因此，他有點後悔剛才做了加點西瓜的決定。

本來他們完全可以向服務生回答什麼都不要，但是，他們為什麼沒有這樣做呢？

其實，服務生問這對夫妻：「西瓜和牛奶兩種點心，需要哪一種？」的方法和哄小孩子有異曲同工之妙。當小孩子哭的時候，大人們最好的方式不是問他「你是哭，還是喝牛奶？」而是應該問他，「你是喝牛奶，還是喝果汁？」

這時，小孩子就會回答喝哪種，同時也就忘了哭。

從Zero到Hero的致富Note

◎當對方直接提出「需要哪一種」時，我們總覺得要「兩者必擇其一」，卻忘了自己還有「不要」的選擇權利。

「正確的判斷對方，或是讓對方對你的判斷失誤。」這是想要談判成功，常常需要藉助的兩個因素。

然而，要讓對方對你的判斷失誤，最好的方法就是有意識地引導對方進行錯誤的判斷，而不能期望對方的判斷力比你差。

因此，有經驗的談判者在談判中，有意向對方提供一些足以導致他錯誤判斷的資料和資訊，或者，可以突然提出一項新的建議，讓每一件事情又得重頭做起。

然後，當對方問你問題時，也可以故意裝糊塗，顧左右而言它，套用一個軍事上的方法，節外生枝，另闢戰場；藉此來分散對方的精力，打亂對方的陣腳，讓自己可以乘虛而入，達到目的。

從Zero到Hero的致富Note

◎談判技巧，實際上是一種類似於博弈的心理攻防術。

如果談判雙方在談判實力上旗鼓相當而又互不相讓，任何一方指望透過爭辯來取得更多的利益，幾乎是不可能的。

在這種情況下，常常要藉助出其不意的策略，讓對方出乎意料之外，因而陣腳大亂，從而讓自己可以從中謀取更多的利益。

比如說，你可以提出一些，例如新要求、新包裝、談判地點改變，或提出出其不意的問題，你甚至也可以宣布退出談判、情緒突然激動、出乎意料之外的態度變化……等等，都可以讓對方被蒙蔽，逼對方做出不理智的決定。

從Zero到Hero的致富Note

◎一般情況下，人們總是對別人，尤其是對對手不經意間透漏的消息，深信不疑。

如果光明正大告訴對方一些內幕消息，對方不見得會相信，而且，說不定他會覺得你別有用心，這也是為什麼人們這麼信賴好不容易得到的小道消息。

因此，丟失的備忘錄、遺忘的便條……等等，常常被認為是最可能得知對方最有利用價值的情報依據。但是同樣是這些資料，如果你是在談判桌上直接交給對方，對方還不一定會感到興趣。

所以，你可以將備忘錄、便條或文件故意放在走廊或者其他地方，或是扔棄在對方容易發現的垃圾桶裏，等到對方一旦發現後，就會一頭栽進你預設的陷阱。

人生努力組到人生勝利組的Tips

一、人們往往覺得最後的要求是對方的底線，選最後一項，必定是最明智的選擇。所以在談判時，有意識將自己的真正要求放到最後一個選擇方案。這樣，對方往往會心甘情願的受騙，還覺得自己佔了大便宜。

致富Tips 47

你有必要回答問題，但沒有義務回答對方所提的每一個問題

提問問得巧，會使你達到意想不到的效果，可是怎樣才能問得巧？

提問的方式很重要，如果你希望獲得較為理想的回答，選擇限制型提問，倒是可以減少被提問者說出拒絕的機會。

從Zero到Hero的致富Note

◎提問後，要給對方足夠的答覆時間，然而，為了減少對方的思考時間，增加對方的錯誤，使形勢朝著對自己有利的方向發展，就刻意咄咄逼人，這樣做其實是不適當的，因此，除非必要，千萬不要這樣做。

◎刻意咄咄逼人，這是不尊重對方的表現，肯定會引起對方的不悅。其次，在這種急切的心情支配下，提問者有可能會受到情緒的副作用，對方不急，自己反而會變得急躁，從

而自亂了陣腳。

「選擇限制型提問」這是一種目的性很強的提問技巧，這種提問形式的特點是限制對方的回答範圍，有意識、有目的的讓對方在所限制的範圍內做出回答。比如說：「誰能解決這個問題？」這種提問具有限制性，回答是可以控制的，而「你認為如何？」、「你為什麼這樣做？」就沒有特別針對性的回答。

要注意的是，你不是警察，對方也不是被提審的犯人，如果你在提問時，採取不恰當的方式，就該想著怎樣緩和氣氛，因為，導致對方的反感，對談判百害而無一利。

在談判桌上，談判的雙方是平等的。因此，更應該關注平等原則，你有問的權利，對方同樣也有權利拒絕回答。要知道，提問與回答，需要雙方的相互尊重與共同合作。

從Zero到Hero的致富Note

◎如果你還沒摸清對方的虛實，不妨先投石問路，這樣可以避免雙方尷尬，也可以先探虛實，緩和氣氛。

在談判中，你不僅僅是要根據對方的提問來回答，並且還要把問題盡可能的講清楚，使提問者得到答覆。

因此，你在談判中的回答很重要，在回答對方的提問時，一定要明白，不能徹底回答所提的問題。比如說，在談判時，對方很有可能會問起這個商品價格之類的問題，如果一下子就徹底的回答對方，把價錢說死，那麼在進一步的談判過程中，你可能就會比較被動了。

從Zero到Hero的致富Note

◎你在提問後，應該給對手足夠的時間答覆，同時，自己也利用這段時間對對手可能的答覆，以及下一步的提問進行必要的思考。

對某些不值得回答的問題，比如一些無關的問題，可以禮貌的加以拒絕。因為，對方可以把你的回答，理所當然的認為是一種承諾。因此，你對自己回答的每一句話都負有責任，而這會給回答問題的你，帶來一定的精神負擔和壓力。

因此，一個談判者水準的高低，在很大程度上取決於他回答別人提出問題的水準。所以回答問題，要給自己留有一定餘地。回答時，不要過早的暴露你的實力，如果對方發現了你的漏洞，一般會追根究柢的追問下去。

然而，對於這種情況，你必須把問題的主題轉移，而轉移主題的最後一招，就是藉口問題無法回答。

◎從Zero到Hero的致富Note

在回答問題前必須謹慎從事，要有充分的時間，對問題進行認真的思考。

我們也可以選擇溫和的協商，大家有話好說的方式。「你看，要不然這樣好不好？」、「只要你同意，其他都好商量，你說呢？」這樣說話，對方即使沒有接受你的條件，但是談判的氣氛仍能保持融洽，雙方仍有合作的可能。

最重要的是，談判中不要輕易轉換話題，因為，人的大腦需要反應的時間，所以提問時，盡量不要談無關問題，否則，會讓談判變的很混亂。

人生努力組到人生勝利組的Tips

一、有些提問者深知問題答覆的好壞與思考時間成正比，他們會故意不斷地催問，迫使你在對問題沒有進行充分的思考的情況下倉促作答。這種情況下，你更要沉著，不必顧忌他的催問，而是轉告對方你必須進行認真的思考，因而需要時間。

二、有時可以用資料不全，或需要請示等藉口來拖延答覆，再利用這個拖延的時間，進一步思考如何來回答問題。

致富Tips 48

在商務談判中，就像打牌一樣，不要急著將手中的王牌打出去

在談判中，有時正確的答覆未必是最好的答覆，因此，談判過程中，什麼問題應該回答，什麼問題不應該回答，自己要衡量清楚。

談判過程中的應答藝術，在於有些問題不值得答覆，可以表示無可奉告，或置之不理，或轉移話題。譬如，有些問題回答整個問題，倒不如只回答問題的一部分，有些問題不能做正面回答，可以採取答非所問的迴避方法。

從Zero到Hero的致富Note

◎有時在談判中可以一個唱黑臉、一個唱白臉，來達到談判成功的目的。

一、扮黑臉的人要「凶」，態度強硬，寸步不讓，但又應處處講理，絕不可蠻橫，讓對方無法反駁，而且，也不一定老是板著臉，也可以有笑容，只是一定要夠狠。

二、扮白臉的應為主談人或負責人，善於把握火候，讓黑臉能夠及時逼迫對方就範。若是一個人同時扮演「黑白臉」的角色時，則一定要機動靈活，狠話不要過狠，給自己留有餘地，不然反倒會把自己陷入困境。

在商務交涉中，就像打牌一樣，不要急著將自己的王牌打出去，可以先站在人後，冷眼旁觀，仔細聆聽。正所謂旁觀者清，你要暗中觀察對方在語言之外的心態，觀測出暗示的含義及傾向。

在一次火災中，文超的房子受到一點損壞，他和保險公司協商理賠問題，心想保險公司最多也就賠償幾萬塊。

理賠專員坐在他的客廳裏，一邊拿資料一邊說：「先生，您的房屋受到一點輕微損傷，這並不屬於巨額賠償的資格，如果我們公司只出一萬塊的賠償金，不知您覺得怎樣？」

從Zero到Hero的致富Note

◎談判中，「裝聾作啞」的基本方法是：顧左右而言他，故意躲躲閃閃，答非所問，以此來爭取時間，調整自己的思路，或以此來迴避自己難於答覆的問題。

理賠專員語畢，文超沉默了一會，表情卻非常嚴肅，內心思索著，雖然他不清楚保險公司會理賠多少，但當理賠專員用到「只出」的字眼時，就表示保險公司對所提出的理賠數目，有點難為情，甚至是有點心虛。

於是，掌握到對自己有利資訊的文超，嗤之以鼻的說自己難以接受。

理賠專員馬上說：「請不要介意我剛才的提議，我再加一點，兩萬塊如何？」

「加一點？抱歉，無法接受。」文超回說。

理賠專員繼續說：「好吧，三萬塊，怎麼樣？」

他故意停了一會，回說：「三萬？嗯……難道真的是只賠償三萬塊？」

然後，他裝做不理會那個理賠專員的話，理賠專員嘆了口氣，繼續加價。

最後這件理賠案件，終於在九萬塊的條件下達成和解。

從Zero到Hero的致富Note

◎領導統御技巧，有所謂「先打一巴掌，再給糖吃」的恩威並施、籠絡人心的手段。

後來文超成為一名優秀的談判家，他說：「那時，我完全沒有想到最後會拿到九萬元的理賠金額，但由於理賠專員的話語中，不經意透露出所提的賠償金額，還有很大往上增加的空間，於是我就抓住這點，用『棉裏藏針』的方式，讓理賠專員自己將理賠金額一路往上加，這就好像狐狸露出一條尾巴，只要抓住不放，就能大大佔了上風。」

從Zero到Hero的致富Note

◎在跟商家交涉的過程，如果對一些優質產品、名牌商品，也一味的吹毛求疵，一味的貶低，可能會引起對方的反感，甚至會激怒對方。

談判中，對方的目標越高，在討價還價時，對我方越不利，因此，要降低對方的要價，首先要降低對方的目標。

最常用的方法就是挑剔對方商品的缺點，來貶低商品的價值。

因此，談判討價還價時，如果能將對方的商品挑出一大堆毛病來，這個商品的價值在人們的心目中，就失去了應有的價值基礎，自然而然也就失去訂高價的空間和資格。

人生努力組到人生勝利組的Tips

一、談判者要討價還價，就要瞭解一些有關商品的技術知識，瞭解商品的類別、型號、規格、功用及商品構造原理，懂得商品鑒別和選擇的方法和技巧。

二、只有掌握商品的有關技術知識，才有助於給商品進行正確的估價，避免在談判中吃虧上當。

致富Tips 49

「有錢人」與「沒錢人」的距離，有時候只因為「一句話」

歷史上，有不少傑出的遊說家，譬如孔子、孟子、惠子、張儀……等等，僅憑自己的三寸不爛之舌，從而「一言興邦，一言衰邦」。

然而，做任何生意也是同樣的道理，都必須透過語言的幫助，因此，擁有好的口才，將成為你在通往財富路上的一項重要技能。

從Zero到Hero的致富Note

◎口才不是耍耍嘴皮子，它實際上是一個人綜合能力的展現。

◎擁有淵博的知識，具有自信心，對人誠懇等，只有這樣，說出的話才有份量。

有一位年輕人想找份理想的工作，寄了無數封的履歷，四處面試，整天幻想著他這匹千里馬，總有一天，一定會遇到懂得賞識自己的伯樂。

然而，不管他在面試當中，做出怎樣引人注目的舉動，還是沒有一家公司錄取他。有一天，他突然在書上看到一句話：「在這個無味的話團中，加入一些談話的葡萄乾吧！」

於是，隔日他到一家公司面試的時候，突然闖進一位經理的辦公室，請求經理能有時間，哪怕僅僅只是一分鐘，聽他講一、兩句話。

起初，經理只想與他講一、兩句話，就將他打發走人，沒想到兩人的話匣子一打開，越談越投機，一談就談了一個多小時。

結果，這位經理就直接錄取了這個原本四處找不到工作的年輕人。

從Zero到Hero的致富Note

◎口才的重要性，也許並沒有很多人瞭解，但不容否認，一句好話，有時可以達到事半功倍的效果。

《史記》中有一則毛遂自薦的故事：秦軍圍趙，平原君帶二十人去楚國，決定說服楚王，發兵救趙。

平原君在找了十九個人之後，找不到第二十個合適的人選，於是，毛遂就挺身而出。然而，這一行人在楚國談了幾天都毫無進展，最終還是靠著毛遂走上大殿，用一番慷慨激昂的話打動了楚王，使楚王發兵救趙。

靠著口才成功的例子，還有戰國時期著名的縱橫家張儀，張儀原本家裏很窮，但是他經過不斷努力地苦練口才，最終在秦國成為一人之下，萬人之上的丞相，可謂是「一怒而諸侯懼，安居而天下熄」。

從Zero到Hero的致富Note

◎在西方國家，口才更受到重視，所以西方的商界、政界才有這麼多膾炙人口的名人經典演講詞。

還有一個關於明太祖朱元璋的故事。

朱元璋做了皇帝，他童年的玩伴都去找他，希望他可以顧念舊情，給自己封個官做做。

有次，朱元璋的一個老鄉去找他，一見到他就說：「你這個傢伙，什麼時候就做了皇帝？想我們當年一起在草地上玩，有一次，我們偷人家的豆子，然後偷偷烤著吃，那時侯剛把豆子烤熟，你什麼也不管，抓起來就朝嘴裏塞……誰知道你不小心把一個紅色的苦果子給吞下去了，結果是嚥也嚥不下，吐也吐不出，難受的只想哭，還是我聰明找片菜葉子，在手裏一拍，讓你吞下去，這你才好了過來……」

他還沒說完，就見朱元璋臉色越來越青，他一拍桌子，大怒說道：「哪裡來的刁民，在此胡言亂語，來人，給我拉出去，斬了！」

過了幾天，又有一個老鄉去找他，但這個老鄉比較會說話，所以他見了朱元璋就說：「我主萬歲，您可記得我們當年曾並肩作戰，大戰百草坡，火燒豆家軍，碰到紅孩兒，多虧菜將軍。」朱元璋隱隱想起了一點舊事，於是就封他做了大官。

其實，朱元璋這兩個童年玩伴說的是同樣一件事情，但因為說話方式的不同，獲得的結果，也就有了天堂與地獄的差別。

從Zero到Hero的致富Note

◎一人之辯，重於九鼎之寶；三寸之舌，強於百萬之師。

為什麼同樣的話，有人說好聽，而有人說就難聽呢？可見說話是有技巧的，在工作和生活中掌握了說話技巧，就等於找到了打開成功大門的鑰匙。

其實，一個人的才能想要被人認識、想要被人瞭解，就應該藉助口才。現代社會中，人與人之間的交流頻繁，無時無刻都需要口才，殊不見，不論是工作中的交談，政治舞台上的辯論，學術園地裏的爭鳴，外交活動的斡旋，經濟領域的談判，沒有一樣可以離開口才！

人生努力組到人生勝利組的Tips

一、現在社會，一個人的口才佔了很大的作用，擁有好的口才可以事半功倍，透過好的口才，可以使你獲得好的工作，好的談判效果。換言之，好的口才是你通向財富頂峰的翅膀。

二、一個具有敏銳觀察力的人，說出來的話才能既生動準確，又能反映出事物的本質，要知道，有時你的失敗，只因為說錯了那麼「一句話」。

致富Tips 50

一句巧妙的話，或許就可以幫你獲得一個年薪百萬的工作

有些人並不看重語言的力量，認為多說話只是自找麻煩，沒有那個必要。但是，如果你有這個想法，就大錯特錯，因為事實上，就算是比爾．蓋茲的微軟公司，也因為溝通和談判不良，而一直官司不斷。

從Zero到Hero的致富Note

◎有句話說：「以口從商，以商會友，以友促商，互相提攜，大家發財。」成功的生意人總是生意好，而且口才也好。

◎生意好，口才好，朋友就多；而朋友越多，生意越好，口才也更有發揮的空間。

微軟公司在這些年，雖然開發了不少產品，但並不是所有的產品都是它獨立開發的。有一部

分是低價購買其他公司的產品，然後在這些產品原有的基礎上加以研發改進後，再貼上微軟的標籤，上市銷售，然而，微軟的這種幾乎等於「抄襲」的行為，導致許多小公司向微軟提出賠償的要求，但是微軟的強硬態度，卻讓他們氣憤難平。

於是，這些小公司紛紛向法院控告微軟公司侵犯他們的專利權，讓微軟的侵權糾紛的官司不斷，微軟雖未在官司上面大敗，但確實也造成不少損失。

不僅如此，官司纏身的微軟公司因為與許多公司結怨，這些公司為了進一步向微軟施加壓力，於是聯合起來，向法院控告微軟違反美國的「反托拉斯法」。

如果當初微軟公司在那些小公司提出抗議時，能夠放下身段主動邀請對方坐下來談判，做出適當讓步，不僅可以免吃官司，可能還可以將這些小公司變成自己的客戶。

從Zero到Hero的致富Note

◎人是一種社交動物，說話是否投緣，是互相接受的一個重要因素。

魏相彭越聯漢抗楚，連奪楚國十七城，項羽親率大軍圍攻彭越佔據的外黃城，彭越見大勢已去連夜逃走，外黃城只好開門投降。

項羽入城後，命令士兵在城東挖幾十個大坑，準備活埋城裏十五歲以上的男子。

這個時候，一個小孩子居然隻身到楚營求見項羽。

項羽破例接見這個小孩，並驚訝的問他說：「你小小年紀也敢來見我？」

小孩說：「兒子見父母，有什麼不敢呢？」

項羽不解地向小孩問說：「你為何會說你是我的小孩？」

小孩答說：「因為大王是人民的父母，小臣不就是大王的赤子！」

項羽本來就愛聽好聽話，聽見這個小孩的妙語，喜歡的不得了，就問他有什麼意見。

從Zero到Hero的致富Note

◎因為，口才不好，拒絕與人交流是一種不明智的行為。

「今天大王駕臨，趕走了彭越，百姓非常感激。因為外黃百姓，久仰大王恩德，只因彭越突然攻來，無奈暫時投降，但仍然整天盼望大王來救。」小孩說：「但最近民間有一種謠言說大王要把十五歲以上男子全部活埋，但我卻認為大王德同堯舜，威過湯武，絕對不會這樣做的，因為屠殺人民，對大王有害無益……」

項羽聽了，覺得合情合理，但又威脅說：「如果我坑死人民，即便無益也不見得有害，你要能說出有害的理由，我就下令安民，要說不出，連你也要活埋。」

從Zero到Hero的致富Note

◎懂得與人交流，就算是殺戮的戰場上，也有了全身而退的可行性。

小孩受到威嚇並不慌張，反而嚴肅地說：「彭越守城，聽說大王來攻，怕百姓做內應，才緊閉城門，他見人心不向他，才夜裏逃走……今天彭越一走，百姓立即開城迎駕，可見人民擁戴大王。如果大王不察民情，反要坑死壯丁，外黃以東還有十幾城的人民會見狀心想，降也死，不降也死，抗拒倒還有一線希望，屆時勢必會奮力一搏……照此看來，這就叫做『有害無益』。」

項羽聞言後，心想如果前面十幾城遇阻，就會耽誤時間壞了大事。他反覆考慮利弊後，終於答應了小孩的要求，還取了幾兩銀子送給小孩。

一個小孩竟憑三寸不爛之舌，說服了殺人不眨眼的西楚霸王，我們不能不佩服這個小孩的膽量，但更佩服的是他的合情合理分析，挽救了外黃城百萬人的生命。

人生努力組到人生勝利組的Tips

一、「三寸之舌，勝過百萬雄兵」，一個人如果想要成功，不一定都要靠雙手，有時候，一句巧妙的話語，或許就可以幫你獲得一個年薪百萬的工作，一句令人拍案叫絕的話語，也許就可以幫你做成一宗獲利千萬以上的生意。

致富Tips 51

如果企業內部相處不融洽如同一盤散沙，那麼這個企業如何成功

在美國的一次競選中，一位政治家為了讓一個企業家成為自己的支持者，於是，在電視採訪中，不停說著他的好話，可是這個企業家卻完全無動於衷。

企業家內心打算著，如果政治家問他支不支持他的時候，就直接拒絕對方。

豈知，那個政治家從頭到尾都沒有問企業家認為他會問的問題，只是不斷問他說：「你不是某某法官的兒子嗎？你的父親真的很棒，對吧！」或者是問他：「你的叔叔是德克薩斯州的議會成員，對嗎？」……他一再問及這位企業家親屬中的大人物，並一路誘導對方一再說「是的」！

從Zero到Hero的致富Note

◎當我們說一句好話，往往可以加強自己在談判中的實力，因此在談判中，懂得適時說對手好話的人，才是一個談判高手。

只見這個政治家一口氣跟企業家談了一個多小時，卻完全不談支持的事，最後，企業家發現自己和這個政治家很有話聊，就乾脆答應支持他，最後還成了他的好朋友。

上述這個例子的成功之處，就在於政治家的提問具有控制性，企業家只能按他的思路回答問題，進而與他產生了「共同語言」，而且，絲毫沒有感覺到對方實際就是要和他建立共同語言，然後，再輕而易舉的獲得他的支持。

從Zero到Hero的致富Note

◎俗話說：「一語可抵千金。」巧妙地運用你的語言是非常重要的。

其實在企業內部，除了商業本身，員工之間融洽的交流，企業好的形象，以及一整套的企業好禮文化，都是一個良好企業不可分割的組成部分。

其實，想要相處融洽很容易，我們應該都有感覺，當一個人邀請我們到他家裏去做客時，當他讓我們看看他所引以為豪的古老傢俱；讓我們看看孩子們從小到大的照片，讓我們看看他家浴室裏的油漆正在剝落……無非都是想營造一種自己容易相處的感覺。

然而，營造一種融洽相處感覺，也是現在很多企業想要積極創造的企業文化。

從Zero到Hero的致富Note

◎好的企業必定有它獨特的文化，現在的公司大多很重視自己的文化氛圍，重視自己公司內部的融洽氣氛。

當年，日本東芝公司決定在美國開設分公司，當時的東芝公司的總裁還沒決定在何處開設工廠，但美國有十幾個州的有關人員就已積極地和日本方面展開談判，希望東芝能到當地開辦分公司，這讓東芝的總裁很難決定，因為每個州都各有所長。

如果單純是考慮地理位置、勞動力、獎勵措施……等等，每個州不相上下，但最後的結果是田納西州在角逐中獲勝，這讓很多專家跌破眼鏡，因為從勞動力等等很多方面，田納西州都不是最好的，為什麼東芝會選擇了這裡？

從Zero到Hero的致富Note

◎在企業活動中，人和人之間打交道幾乎是全部的內容，而人和人之間協調配合，妥善處理人際關係，則是重中之重。

人們事後得知，日本東芝選擇建廠地點，考慮的因素固然包括地理位置、勞動力、獎勵措施等等很多原因，但最關鍵的一個因素是田納西人的熱情接待，及談判小組所表現出來的誠意和營造出來的融洽氛圍。

而且，田納西人瀟灑自如的舉止、從容不迫而高效的辦事風格，都給日本的東芝留下了深刻的印象。

此後，隨著東芝進入田納西州，其他日本廠商，譬如尼桑、夏普和普利斯通都很快的到田納西州開設工廠。

直至今天，田納西州都還因為擁有日本東芝而感到自豪。

人生努力組到人生勝利組的Tips

一、在恰當的時機，提問一個對方可以接受的問題，問題提出後，就立即閉上嘴巴，等待對方的回答，慢慢的建立一個好的氣氛，協調好雙方的關係。

二、事業的成敗，除了必須與合作夥伴擁有「共同語言」，人與人之間相處融洽，也是一個重要因素，如果企業的職員如同一盤散沙，那麼這個企業如何成功？

國家圖書館出版品預行編目資料

從Zero到Hero的致富筆記 / 榴槤著. -- 二版. --
臺北市 : 種籽文化, 2020.09
面 ;　公分
ISBN 978-986-99265-1-5(平裝)

1.成功法 2.財富

177.2　　109012477

小草系列　29

從Zero到Hero的致富筆記—暢銷修訂版

作者 / 榴槤
發行人 / 鍾文宏
編輯 / 編輯組
行政 / 陳金枝

出版者 / 種籽文化事業有限公司
出版登記 / 行政院新聞局局版北市業字第1449號
發行部 / 台北市信義區虎林街46巷35號 1 樓
電話 / 02-27685812-3傳真 / 02-27685811
e-mail / seed3@ms47.hinet.net

印刷 / 久裕印刷事業股份有限公司
製版 / 全印排版科技股份有限公司
總經銷 / 知遠文化事業有限公司
住址 / 新北市深坑區北深路 3 段 155 巷 25 號 5 樓
電話 / 02-26648800 傳真 / 02-26640490
網址：http://www.booknews.com.tw(博訊書網)

出版日期 / 2020年09月　二版一刷
郵政劃撥 / 19221780戶名：種籽文化事業有限公司
◎劃撥金額900(含)元以上者，郵資免費。
◎劃撥金額900元以下者，若訂購一本請外加郵資60元；
劃撥二本以上，請外加80元

定價：260元

種籽
文化

種籽文化